杨琪 著

涨停启动

抓住主升牛股

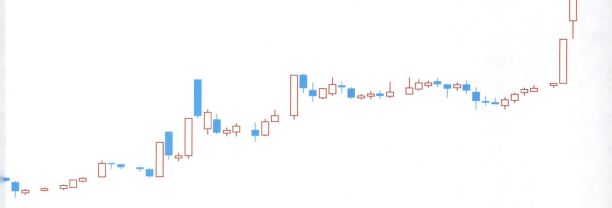

海天出版社

·深圳·

图书在版编目（CIP）数据

涨停启动：抓住主升牛股 / 杨琪著. — 深圳：海天出版社，2017.1（2019.4重印）
ISBN 978-7-5507-1811-1

Ⅰ.①涨… Ⅱ.①杨… Ⅲ.①股票交易－基本知识 Ⅳ.①F830.91

中国版本图书馆CIP数据核字(2016)第274523号

涨停启动：抓住主升牛股
ZHANGTING QIDONG：ZHUAZHU ZHUSHENG NIUGU

出 品 人	聂雄前
责任编辑	卞 青
责任技编	陈洁霞
封面设计	龙墨文化 0755-83461000

出版发行　海天出版社
地　　址　深圳市彩田南路海天综合大厦（518033）
网　　址　www.htph.com.cn
订购电话　0755-83460239（批发）　83460397（邮购）
设计制作　深圳市龙墨文化传播有限公司　0755-83461000
印　　刷　深圳市希望印务有限公司
开　　本　787mm×1092mm　1/16
印　　张　19
字　　数　245千
版　　次　2017年1月第1版
印　　次　2019年4月第3次
定　　价　68.00元

导 读

这是一本有异于其他证券类书籍的书！

这是一本奉献给交易者的"工具书"，让所有有志于成为股市高手，却苦于无法突破交易瓶颈，永远进不了成功之门的交易者，看到一个崭新的世界：构筑自己先进的交易系统，从而提高交易成功率。

与那些洋洋几十万言的长篇理论大作不同，我的书仅着眼于怎么从实际交易中获利，怎么在主升浪启动当天的涨停板"上车"，抓住个股最肥美的主升浪行情，尽享股价飙升的快乐，言简意赅。

绝大部分的书，讲述的只是纯理论，举的都是早就过时的个股案例，而且无一例外用的都是证券公司提供的、最简陋的原始界面，与今天你交易中遇到的无法解决的问题脱节。这样，无论你看了多少本书，都不可能直接让你的交易能力起到脱胎换骨的变化。

我认为，只有转化为实实在在的交易技能，在实际交易中让你获利，才是最值得阅读和拥有的好书。

之前我所看到过的大部分的证券书籍，都好像只是在教室中给你上课，教你些入门知识而已，区别只是深浅不同。你的悟性再好，亦只是停留在思维上的进步而已。

事实是：在交易时间中，是要求你在盘中找到今天市场中最值得介入的好股，在 K 线、均线、成交量的组合中立刻做出选择，对错只在一念间。

能不能稳定地赚钱，是检验你是否已经成功的唯一标准，任你说得口若悬河、天花乱坠，没用！而且，相当部分的作者，根本就不是现实中的实盘交易赚钱者，就像大学里的老师、教授，他们只能在纸上谈兵罢了，事业上的成就，根本无法与优秀的学生相比。

事实上，中国证券市场上真正的赚钱群体，称之为"高手"，其中的佼佼者，大家称之为"游资"，这个名词出自"龙虎榜单"面世后，活跃买卖营业部席位中，那些主导交易的"超大户"，就是"游资"。

"游资"们无一例外，都是从实战交易中成长壮大的，他们的能力无疑是市场交易者中最强的，他们凭自己的独门交易绝技笑傲股林，超一流"游资"高手的出手，甚至达到了"小李飞刀，例不虚发"的境界！

但著述者未必能如交易者那样，都能够在交易中成功获利，他们中尚空谈的人居多。以我亲眼所见为例：某上海唐姓作者，著有 8 本书，讲述的各种技术确实面面俱到，在当年效果确实非常好，成名后却以收学员为主业，让交学费者看直播，收费上万。但他的网络直播却让人惊讶，他只是坐在屏幕前，看着上证指数波动讲话，时而起身泡杯茶，去个卫生间，就这么度过 4 小时交易时间，其间没有任何交易行为，说明他是不买卖股票的。

这种人往往善于总结，善于发现，善于著述，但并不能成功交易。反倒是那些从中小散户逐渐成长为一线游资的实战高手，他们往往学习过所有的交易理论，但经过长期实践后，最后只精选自己最适用的一个模型，用于交易。

如果你进入市场已久，却仍在迷惘于无法经常性地在交易中成功获利，那么，你首先必须要找到问题所在：究竟是什么原因，阻止了你的进步？

我认为，交易理念、交易技巧、交易系统，这三大问题，是你必须立即纠正、立即学习、立即建立的。

买到的就是今天市场中最牛的股，次日就开始走主升浪，连板成为大牛股，应该是所有交易者的企盼了。

事后看，所有大牛股的技术形态一定是最完美的。我追求的是，当它主升浪启动的当天，我能在盘中用我的交易系统，通过主副图组合、主图技术指标共振、分时主副图主力买入力度指标分析，就发现它的完美，买到它！

因为我知道牛股启动日的特征，一、日 K 线图上技术形态完美；二、分时图上显示游资、机构主力买入力度强悍。二者合力，必成牛股。

这本书向大家介绍的，不是空泛的纯理论，而是实盘交易技巧，就是让你学会怎么从个股技术形态、游资及机构主力买入力度中，找出将进入主升浪的启动涨停板个股。

这本书将会让你了解到，技术指标在交易中的助力作用，哪些是最经典的指标及其使用秘诀，怎么把最经典的指标组合成自己的交易系统，让你成为顶尖交易高手，成功不再是遥不可即的梦想！

这本书系统地介绍了股市中跨越牛熊，抓个股主升浪启动涨停板的技术总成。

非常希望大家看了这本书，能告别失败、告别迷惘，成为实战交易高手，通过证券市场搏杀，获得财富，改变人生轨迹，让家人过上幸福的生活。

前 言

股市魅力无穷！

在股市，你可以不必去为人打工、看老板的脸色行事，不必一定要有店面，不必有大笔创业资金，不必日夜操劳，只要有不多的一笔现金，就可以实现自己的理想。

只有在股市，你才可以充分发挥自己的聪明才智，让自己获得真正意义上的成功：掘得第一桶金，实现财务自由！

但你也要警惕：股市不只是天堂，也可能是地狱，选择只在于你的一念之间。

你既然进入了股市，为了你自己的梦想，为了你家人的幸福，就必须有成为绝对成功者的壮志雄心！

平庸的结果是让人沮丧的，既对不起自己，也对不起对你充满了信心、盼望将来生活能得到改善的家人。

股市七亏二平一赚是大概率，尤其是当遇到像 2015 年 6、7 月份这种世所罕见的股灾的时候。

像这种谁都没有遇到过，像个股遭遇"黑天鹅"事件般，恐怖地连续暴跌一字板，稍为犹豫不决的投资者，甚至连卖出的机会都没有！

遇到这种股灾，只要是持仓者，尤其是做中长线的，股价连续跌停，几个交易日股价就腰斩。

此时无论你有多高的基本面研究水平，中长线投资者之前积存的利润全部付诸东流，甚至本金有亏。

当然，股灾中最快遭受到灭顶之灾的是融资客。

从证券公司1：1融资的相对还好一些，从社会上融到1：5甚至1：10配资的投资者，吃一个或几个跌停板，就会被强制平仓，立刻血本无归。

遇到这种股灾，能在高位初跌即逃，全身而退的投资者真的不多，大部分的人不知不觉或心存幻想，尤其是中长线持仓者。你可以想象到股市的残酷性。

从股灾事后看来，警惕性最高、全身而退或小亏出局的，往往是超短线交易者，他们才具有最敏锐的盘感，最能做好止盈止损这件事。

能将这事情能做好的人，一定有一颗坚强的心，有最强的执行力，这在这次股灾中可以清晰地自我反省，你有吗？

成功者有成功者的素质，你是否能在股市取得常人难以取得的成绩，这就关系到你个人的素质高低。

股市并不是所有人都能适应的地方，你可能很聪明，干什么都行，但在股市这个"智斗"的场所，深浅难测，你在其他行业中可能很优秀很成功，并不代表能在股市中成功，在这里拼搏多是苦涩的回忆。

世界上绝大部分的工作，与你长期接受的教育相关联，专业的知识你在大学的课堂上学习过，更别说一些简单的体力工作了。

绝大部分的工作，从你进入岗位起，可以慢慢学、慢慢地去掌握适应，做的事时间上也很宽松，没有人追着要你下一分钟交货。股市则不然，买卖决断有时甚至只有以秒为计算的时间单位来考虑。

炒股，从某种角度讲，其实是可以称为一种职业的，它和社会上那些技术性工种没有多大的区别，都是需要靠掌握娴熟的技术才能够胜任的工作。既然是一个技术工种，没有高超的技术怎能胜任？

炒股又是不同于一般职业的，因为学好并精通这门工作需要付出很大的代价。当然，要胜任任何工作都需要付出代价，那代价就是学习、培训的费用，但那交的只是非常有限的学费而已，而炒股的最大代价，就是发生在自我摸索过程中产生的一笔笔亏损。这些亏损是以资金的百分比计算的，1%的亏损，在 10 万元资本金中是 1000 元，100 万元呢？

当买卖决断有时甚至只有以秒为计算的时间单位来考虑时，你的交易能力就显得非常重要！快速决断，靠的是经验、智慧、执行力。当然，可靠的技术指标这时候也能帮到你，但这些都是要靠你自己平时的积累。

因此，你必须要刻苦学习，勤能补拙，尽量去学习最顶尖的技术，尽快成为真正的高手！

在你立志成为高手之前，我首先要讲的是素质的修炼。

人性不同，在进入投资证券市场后，操作手法也各不相同。即使生活中的好朋友，也无法互相影响，夫妻炒股尚且离婚，更有交易理念冲突而导致好友成仇。

在我看来，"生当作人杰，死亦为鬼雄"，应该是每个有远大志向的投资者的追求目标。

欲在证券市场斩获巨额财富，一般的操作技巧绝无可能！只有最顶尖的交易技术才可能做到。在市场涨跌停板制度下，唯有掌握涨停板技术，才有可能。

只不过抓涨停股技术含量极高，既要买对又要卖对，买对更重于卖对，因为其他战法尚可用时间来换取利润，除非单边下跌市，买入被套大不了持上一段时间。而做涨停股的超短交易，当天做错立即亏损，次日低开亏损加大，欲掌握此技术用于实战必须慎之又慎，此乃双刃剑。

可以毫不夸张地讲，当笔者达到敢看涨停股，敢买涨停股，再到只看涨停股，只买涨停股境界时，才进入了资产快速增值期。

因此，如果你之前已经积累了相当多的交易技巧，却总是无法获得真正意义上的成功，我建议你要彻底忘掉它们，重新开始学习最顶尖的涨停板技术，学习最可能获得暴利、主升浪行情的启动板技术。

目录

第 1 章
交易理念

第一节　成功投资者的素质修炼…………………………………………002

第二节　交易理念在交易中的重要性…………………………………006

第三节　另类的交易理念——投机……………………………………007

第四节　勤奋学习是你成为实战高手的唯一途径………………014

第五节　心中无股，才能看到热点、牛股……………………………018

第六节　正确理解短线、中线、长线概念……………………………019

第七节　稳定复利才是暴利正道………………………………………023

第八节　做对的关键，是确定选股模型………………………………026

第九节　交学费的过程是艰辛、不可避免的………………………028

第十节　涨停股次日表现，是你最好的老师………………………031

第十一节　"启动板"，抓住真正的获利机会……………………032

第十二节　会选股不如会选时！………………………………………036

第十三节　必须选择最犀利的武器……………………………………037

第 2 章
交易技巧

第一节　掌握顶尖技术的必要性………………………………………042

第二节　技术的高胜率需要指标助力…………………………………044

第三节　做启动涨停从学"游资"选股开始…………………………045

第四节　股价炒作全景图………………………………………………050

第五节　庄家运作全景图及龙头股产生条件……………………………054

第六节　经典技术指标是交易者的必学科目……………………………058

第七节　经典主副图组合——K线、成交量……………………………059

第八节　副图经典指标的使用秘诀………………………………………074

第九节　经典指标的共振作用……………………………………………089

第十节　启动涨停板，发动主升浪行情的标志…………………………090

第十一节　主升浪的两种经典模型………………………………………096

第十二节　成功突破走出主升行情的形态判断…………………………101

第十三节　怎么学习涨停板技术…………………………………………105

第十四节　谁是今天最值得买的"启动涨停板"？……………………109

第十五节　个股的涨停基因………………………………………………113

第十六节　涨停板的具体分类……………………………………………114

第十七节　涨停K线类别分析……………………………………………118

第十八节　怎么才能找到心仪的涨停股…………………………………124

第十九节　买对的技术和能力的培养……………………………………127

第二十节　分时卖出的技巧………………………………………………133

第二十一节　"启动烂板"成因揭秘及经典个股案例…………………142

第二十二节　"对错在分时"，分时走势的重要性……………………145

第二十三节　买卖参考：分时均价线……………………………………149

第二十四节　追板的分时走势结构详解…………………………………151

第二十五节　主升牛股启动板的"锯齿口"上车机会…………………153

第二十六节　走出打"半路板"的误区…………………………………156

第二十七节　尾盘一小时封涨停股的操作技巧…………………………160

第二十八节　交易策略之上午买股须谨慎………………………………161

第二十九节　没人愿意卖的才是最好的股………………………………163

第三十节　打板不"吃面"——训练从"分时买入必板"开始………168

第三十一节　用涨停板次日高获利概率做超短…………………………170

第三十二节　市场是最好的老师！………………………………………172

第三十三节　底部2涨停，反转大牛股启动标志 ·················· 175

第三十四节　复盘，提高交易能力的捷径！ ·················· 177

第三十五节　交易中的选股、持仓、出局策略 ·················· 181

第 3 章
涨停启动

第一节　启动板抓住的就是"突破" ·················· 188

第二节　启动板技术同样适合中长线投资者 ·················· 189

第三节　"启动板战法"就是"龙头战法" ·················· 198

第四节　正确区分"龙头股"与"龙头战法" ·················· 202

第五节　盘中即时选涨停股的秘诀 ·················· 205

第六节　涨停股的买入策略 ·················· 209

第七节　详解高手追板心理 ·················· 211

第八节　新手学追涨停，要怎么破局？ ·················· 214

第九节　追板隔日战法详解 ·················· 215

第十节　追领涨板块领涨股 ·················· 217

第十一节　详解捕捉"龙头股"技巧 ·················· 219

第十二节　确定个股走主升浪的模型 ·················· 227

第十三节　"追板族"最易犯的错误是什么？ ·················· 229

第 4 章
交易须知

第一节　涨停股的题材助涨作用 ·················· 232

第二节　止损是保护自己的利器………………………………233

第三节　不能空仓的人不是高手………………………………236

第四节　高送转，市场永恒的炒作题材………………………237

第五节　"妖股"的关注要素…………………………………238

第六节　看盘的硬件配置………………………………………239

第七节　执行力的强弱，决定了你成就的高低………………241

第八节　胆识、果断、执行力缺一不可！……………………242

第九节　怎么成功地做好超短………………………………243

第十节　规避风险的资金管理………………………………248

第十一节　看股评须知…………………………………………251

第十二节　牛股产生的技术条件………………………………252

第十三节　守住盈利！…………………………………………254

第十四节　对成功偶然性与必然性的分析……………………256

第十五节　树立正确的短线操盘理念…………………………257

第十六节　交易能力的训练方法………………………………259

第十七节　成功交易的背后……………………………………262

第十八节　预测、交易、交易系统……………………………263

第十九节　超级大题材的助涨作用……………………………264

第二十节　职业高手与业余高手的区别………………………267

第二十一节　技术分析的最高境界——盘感…………………270

第二十二节　提高操作能力的必需课…………………………272

第二十三节　你必须知道的一些道理…………………………275

第二十四节　识时，有助于提高交易成功率…………………280

第二十五节　揭秘"八年一万倍"赵强选股绝招………………282

最后的话　……………………………………………**288**

第 1 章

交易理念

打板不"吃面"——训练从分时买入必须开始

用涨停板次日高获利概率做超短

没人愿意买入的才是最好的股

"启动板"成因揭秘及经典个股案例

"对错在分时"分时走势榜详解

星盘一小时打涨停股的操作技巧

追版的分时走势榜详解

交易策略之上午买入须谨慎

主升牛股启动板的"锁仓口"上车机会

本出打"半路板"的误区

怎么才能找到心仪的涨停股

谁某今天蠢得伸头的"启动板"?

买对的技术和能力是最重要的

成功突破走出主升行情的形态判断

怎么学习涨停板技术

经典主控图组合——K线、成交量

圆圈经典指标的使用秘诀

"启动板"抓住真正的获利机会

启动涨停板、攻动主升浪行情

主升浪的两种经典模型

技术高胜率需指标助力

启动板次日表现、是你最好的老师

做启动涨停板从学游资、造股开始

华壁顶尖技术的必要性

经典技术指标是交易参考的必要科目

股价炒作全面图

庄家运作金融图及龙头股、生条件

正确理解短线、中线、长线理念

交易费的过程是艰辛、不可避免的

勤奋学习是你成为实战高手的唯一途径

交易理念在交易中的重要性

另类的交易理念——投机

心中无股、才能着到热点、牛股

必须选择最锋利的武器

做对的关键、是确定趋势模型

稳定复利才是最锋利正道

"启动股"不如会选时

个股如何得基因

涨停大类别分析

分时买付的均价区

成功的交易者在研究交易中的必要性

第一节

成功投资者的素质修炼

在你立志学习、掌握主升浪启动涨停板技术，欲成为交易高手之前，我首先要讲的是**素质的修炼**，奇怪吗？

股市成功人士一定要拥有绝大部分人所不具备的优秀素质。

在一波牛市中，大多数人或多或少都会赚到些钱，但是，到了牛市终结，大跌浪出现时，大多数人不但没有保住盈利，而且本金也亏了不少。

很明显，每个股民面临的问题，不是能不能盈利的问题，而是**如何控制回撤、稳定盈利**的问题。也就是说，大多数的股民总是过不了**资金回撤**这一关，被拦在股市成功大门之外。

问题出在哪里？

一个股市成功者，必须具备十几种能力：心理控制能力、建立操作系统的能力、仓位控制能力、止损能力、基本面分析能力、技术分析能力、选股能力、买入点选择能力、卖出点抉择能力、纠错能力、创新能力等。就因为大部分人缺失了某些成功素质，所以他永远不能成功。

对超过 5 年股龄的老股民来说，如果还不能控制回撤稳定盈利的话，问题通常出在**交易理念、交易系统、仓位控制、止盈止损**这些问题上。只有解决了这些问题，才有可能打开股市最后一道大门，你才可以将股市作为提款机，走上财务自由之路。

欲获得股市成功，你必须修炼提高你的整体素质，不能有缺失，有

缺失就永远不可能成功。

⊃ 成功操盘手的特质

思维独特。成功操盘手大都具有这种优秀的素质，看问题往往非常独到。

他们非常刻苦，成功的操盘手在成长初期，往往会用大量的时间去盯盘，去研究，每天工作十几个小时是很平常的。

他们的心理素质非常好。因为贪婪和恐惧基本上离他们而去，能够冷静地分析，用心如止水来形容毫不为过，这是长时间专业训练的结果。他们也有判断错误的时候，与普通的投资者不同的是，他们能够很快让错误停止，让亏损减少到最小程度，而当判断正确时，往往能让利润最大化。

他们对 K 线和量价的理解非常深刻。看起来简单的 K 线，他们讲起来头头是道，真正做到了"看图说话"，使你听完以后受益匪浅，在实战交易时，一旦信号出现，他们的行动一定非常果断迅速，绝不会犹豫不决。

他们非常熟悉盘口语言，看盘功夫深厚，对指数走向、关注的个股当天走势了然于胸。

他们熟谙股价的波动规律，能大致知道股价的未来短、中期的波动范围。量与价，有时是单个独立的，有时是相互制约、相互影响的，何时独立，何时影响，关系极大，每一个波峰、波谷都是要重点研究的，都会影响到股票的波动，而注入的量能大小，在何位置放量对这种规律有着不同的影响。

他们的盘感非常好。其实交易操作时间长的朋友，都有这种体验，看盘时能感觉到下一秒要发生什么，事后证明这种感觉是对的，而操盘手由于对股市的认识深刻，其盘感会更准。

他们不一定能创造趋势，但肯定能及时地跟随趋势，把"顺势而为"运用得最为得心应手，这就能解释为什么主力介入程度比较深的股票，仍然可能会随大势下行，有时也会被深深地套牢，所以**实战中因为迷信主力而不严格执行纪律，不能及时止损是错误的**。

他们由于刻苦钻研，悟性又高，一般都善于发现并总结规律，这些规律由于实战价值很高，往往很少在社会上流传。

价、量、时、空、势的研究是无止境的，证券市场唯一不变的规律是变化。操盘手们作为这个市场内的佼佼者，表现出异常的冷静，他们知道自己一旦跟不上市场上的变化，就会把以前的所得交回给市场。

他们的性格不张狂，是名副其实的寂寞高手。

操盘手玩短线，和市场中大部分交易者的观念不同，一年中空仓的时间，有时候甚至比满仓的时间多，**交易时则努力追求短线利润的最大化，和资金利用率的最大化**；抄底的时候很少，追涨的时候多；**目标个股发出启动信号时则果断介入**。

他们做的交易主要是短线，他们**不看个股基本面，只看当天的技术面**。即便是买到了龙头股，利润他们也往往只是吃了一小段，因为他们不参与调整，持股时间往往会少于三天。

成功的交易者身上有哪些突出的特点值得学习呢？

能够赚大钱的交易者，不是只在市场交易时认真看盘，**实际进行交易之前，他们已经积累了足够多的知识，他们耐心等待着预期中的买入信号出现，然后立即应对和操作，一旦察觉自己的判断错误，就立即止损认赔出场**。

他们不会认为自己的预测和判断比市场高明，他们只是被动接受市场提供的买卖信号和操作机会，能够完全控制自己的情绪，永远都聚精会神。

他们力求把仓位结构设置恰当。

他们把交易当作事业经营，对于风险的容忍程度很低，只针对市场提供的信号和机会进行交易。

他们能够控制情绪，有明确的交易计划，有明确的风险管理计划，并严格遵守纪律。

而失败交易者往往仓位混乱，缺乏纪律规范，交易过度频繁，不了解信号真伪，交易草率莽撞。他们往往担心错失机会，被股评所绑架，不断寻求消息给予的机会。

他们的交易态度不够严肃，过度冒险，不能控制情绪。

这些交易者当中，有些是刚开始从事交易，遭遇非常坎坷，而最后却能够突破困境，大部分人则永远都无法走出失误迷途。

投资需要禀赋（即与生俱来的天赋），伟大的操盘手的特质，是具有衔玉而生的共性的，总结他们特殊的共性，对学习者非常有帮助。

● 坚定的信念

市场中最成功的交易者，都具有在别人恐慌时果断买入，在他人盲目乐观时果断卖出的能力。

能够有效地避免重复犯错，习惯于认错和纠错，明白认错的客观标准和纠错的及时性，不会多次重复犯同样的错误。

在投资过程中，面对大起大落丝毫不改既定的投资思路。但客观面对现实，会去修改存在的瑕疵，之前就是因为有了这些瑕疵的存在，所以业绩才会大起大落。

对于自己的做法绝对有信心，即使是在面对激烈批评的时候。对自身交易系统有着坚定的信心，绝不会轻易改弦易辙。

专注于投机，资本市场是自己的强烈兴奋点，伟大投资者是那种对此极度着迷，并有极强获胜欲的一群人。

好的操盘手都懂得强化自己的特质，发挥自己的个性，真正做到知

行合一，于是他们就成功了，顺理成章地成功了。

市场会用资金倍增的方式奖赏"好人品"，比如**谦卑、自律、勇敢、刻苦、忍耐、冷静**等等，同时市场也会加倍惩罚"坏人品"，比如贪婪、恐惧、冲动、浮躁、自大、懒惰等，都能在交易中结出恶果。

由于这种正负能量的轮回，久而久之，**优秀操盘手的好习惯会被强化，坏习惯会被克服**，然后好习惯也会被不知不觉地套用到日常生活中，他们的人品自然也就会越来越好了。

第二节

交易理念在交易中的重要性

在交易中，什么是最重要的？可以说是智者见智，仁者见仁。

有些人认为技术分析最重要，有些人认为基本分析重要，也有人认为资金管理为王，还有人认为心态管理最重要。

在我看来，这四项不可或缺，都很重要。

但其中最占决定地位的，首先应该是你的**交易理念**，这对你而言，就相当于今后将走怎么样的一条路，也就是今后你对交易的整体的了解和把握、执行。

因为只有你的交易理念确定下来以后，你才有可能根据不同的理念，寻找属于自己的交易工具。

你想战胜市场，投资获利，你就要有**战胜自己的勇气和力量**，但所谓江山易改，本性难移。战胜自我，谈何容易。

是不是就一点办法都没有呢？那倒也不是。

战胜自我的最大困难，就是战胜人性中阴暗的一面，不为人知的一面，也就是你人性中的弱点。

在一般的群体交往中，可能你看上去、听上去很完美，但只要一打开交易记录，你就会发现其实自己也不过是一个最最普通的普通人，在你的内心深处，你并不像你的外表所显示的那么完美。

你可能平时还不知道自己的人性深处有多丑陋，但认真分析你的每一单交易，你会发现你的人性也是如此的不完美。**"懒惰""侥幸""贪婪""恐惧"，这些人性的阴暗面成为妨碍你成功交易的最大障碍。**

而这些人性的弱点想要完全克服是不可能的。因为它们是人性的外在表现，是与生俱来的东西。但借助于交易系统进行系统交易，它们却可以被控制在一个适度的范围内，不使其影响你正常的投资判断。

交易理念，是一切交易的总纲，它将指导你的行动、交易行为。

树立什么样的交易理念，决定了你在股市的成就大小，"欲成大事者，必先树大志"。

那些平庸的人，只是盲目听信了别人的赚钱神话，进市场来玩玩的人，当然不需要有什么投资理念存在。如果你不是与他们为伍，立志在股市成就一番事业的话，先把自己的交易理念建立起来很有必要！

第三节

另类的交易理念——投机

进入股市，人们必须要有一个交易理念存心中，并由此形成自己的交易操作行为。

迄今为止，绝大部分的证券书籍开明宗义的交易理念，一定是投资，只有我的交易理念是投机。

如果交易理念是投资，关心的一定是上市公司的基本面状况，然后选择自己的最爱，买入就不卖了，长线持有。市场中所有做中、长线持仓的交易者，思维就是如此。

问题是，中国的上市公司的基本面，能优秀到让你一年股价翻上一两倍甚至更多？如果有，那亦是凤毛麟角，你有这个眼光发掘到吗？

我们每天看到新出现的牛股，该企业收益可能只有微利甚至亏损，但股价却能够一飞冲天。因为有重组、卖壳等机遇在被人炒作预期。

股价的上升离不开市场大环境。中国股市牛短熊长，行情往往总被"雨打风吹去"，个股也很难独善其身，往往被市场影响被动升跌。

在牛市阶段，股价可能大涨或特涨，比如 2006 年、2007 年牛市，但随后上证指数见顶 6124 点后，最低跌至 1664 点，如此悬殊的高低落差，可以让人从天堂跌至地狱。在这种市场环境下中、长线持仓，显然不是件明智的事情。表现好的尚可如钱存银行，一年下来股价未变，公司现金分红，博个"银行利率"收入。但这一年，你绝不能去关心股价涨跌，既不能看自己的持仓，也不能去看牛股的暴涨！因为你一旦看了同期个股上天入地的表现，就可能怀疑自己的做法是否正确。

如果能一直坚持下去，至少说明几个原因让你认为这件事没有做错：一、选的股不错，不大涨亦不大跌；二、因为股价年波动小，上市公司分配有股息，心态上平衡；三、个人性格平和，不喜激烈。这种做法应该算得上是投资，但中国股市的市场环境，恐怕很难让你的投资圆满成功。

投资的最高境界是，仔细研究最有成长性的优势行业，选对其中的佼佼者，低位买入。这种成功者很少，绝大部分的人根本做不到。

现在问题很现实无法逃避，既然投资这条路在中国股市走不通，那你就只能顺应市场，做个投机者！

我提出这个"投机"的观点，似乎很另类，但却符合国情，符合中国股市的现状。

我用下面这幅图（图1-1）来说明投机的真谛。

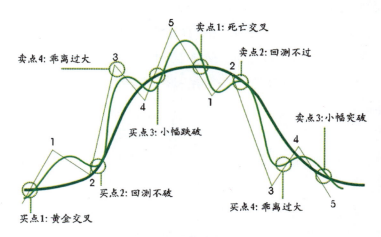

图1-1　葛南维八大买卖法则与波位

股价呈波浪状运行，当完成底部结构后，股价第一次上穿中心线，就是无风险买点，亦最佳买点，无论短中长线持仓皆宜。作为投机者，只在"买点1"处买入！熊市中的"买点2"都极易失败。牛市中的"买点2"，之后走的就是主升浪行情。其他的买点一律不看！

现在市场中已经有了2800多只个股，今后还会有更多，即便是在熊市市场环境下，只要不是暴跌日，每天都有值得投机介入的涨停股出现，有时甚至因为当天市场环境不好，涨停板很少，质量却很高，我们只需要有技术辨识能力，找到并买入，享受那一段可以赚取的利润即可。

如果我们关心政策导向、关心行业盛衰，我们就知道了，参与什么股能赚大钱。每天的《上海证券报》《中国证券报》《证券时报》，都会刊载一些消息，正因为这些消息的刺激，一些板块会有一波暴涨行情，这就是**题材效应**。

用投机理念交易操作，每天只关心消息面变化，注意盘面信息，买入当天启动的热门板块中的领涨龙头股，这就是我在本书中要告诉大家的做法。

我们看看成功的投机者所共有的特点：

一、他们的**风险意识**很强，他们在交易中亦会出现亏损，但是任何一次都没有使他们承担过分的亏损，这与大多数亏损的交易者刚好相反，或者说，与我们的天性相反，**风险控制首先是自我的控制，而投机者群体则是做得最好的。**

二、在中国股票市场中，成功的投机者，成功率可以达到 70%，甚至 90%。他们之所以成功，并非因为他们正确地预测了市场价格，而是因为**他们的获利头寸，要远远高于亏损头寸，这也需要极大的自我控制，当然，还需要整体的交易方案正确。**

三、成功投机者的**交易思路与众不同，他们有很大的耐心去做别人都害怕做的事情，他们会非常耐心地等待下一个机会的到来。我们知道，投机，正是因为机会而获利，如果没有对自我人性的严格控制，很难做到这一点。**

很多投资者经过学习，可以轻易地达到正确分析市场的程度。但是，要他们达到长期稳定的获利状态，却需要漫长的训练，训练的主要内容就是**自我控制**。

自我控制要建立在正确的交易思想的基础上。在绝大多数情况下，自我控制并不是一件愉快的事情。

作为一名专业的投机者，**你应该建立并相信自己的交易系统，当然，我指的是成熟的、能确保你获利的交易系统。**

你必须知道你的系统在什么市场环境下发挥最正常，什么市场环境下可能产生亏损，那么你便有更超脱的心态去观察市场，观察正在发生的交易行为，你会因为有完善的交易方案，而不会对市场产生恐惧，更重要的是能轻松抓住属于自己的机会。

因为我们投机，我们的资金经常处于安全的状态，无论是空仓还是持仓。

因为投机，我们更容易发现更多的市场机会，正因为我们能发现更多的机会，所以我们能由此获得更多的利润。

我们可以从两个方面去寻求长期稳定的获利。

一是**成功率**：每次交易的盈亏相当，但是获利次数比较多。比方说每次盈亏都为 3%，但是 10 次交易正确 7 次，错误 3 次，那么总和获利为 12%。

二是**获利率**：单次获利较大而亏损较小，不计较成功率。比如交易 10 次，亏损 7 次，每次 3%，获利 3 次，每次 10%，那么总和获利 9%。

当然，**既有成功率，又有获利率是最好的。**

很显然，没有任何人能够在一个相对长的时期内，准确判断每一次市场波动。那么，在交易中出现亏损，就是非常正常的事情，我们没有必要回避。一个真实的数据是：美国华尔街的顶尖交易员，在十年中的交易成功率，平均在 35% 左右。

交易系统的一个重要的组成部分就是**如何对待亏损**。

我们通常认为，所谓的亏损，可以根据交易情况分成两个不同的部分，它们的性质也截然不同。

一是在正常交易中的亏损，就是说，在你的市场分析中所允许存在的误差而产生的亏损。

另一种情况是，当市场出现人力的或者非人力的因素，导致市场价格疯狂的变化，方向对你不利。从理论上说，这样的风险很难回避。但是，在日常的交易当中，**我们可以养成良好的交易习惯来避免**。就我个人的看法，给大家提供一些简单的建议。

1. 不要参与上市公司有问题的股票；

2. 多注意时事，多关注政策性公告；

3. 严格遵守交易纪律；

4. 当意外情况发生的时候，坚决出场回避，不冒不必要的风险；

5. 学会在大趋势不利的情况下空仓。

从历史的情况看，市场不会在一个较长的时期内走单边行情，因此，我们在交易中，无论在大趋势有利或不利的情况下，都能够找到比较从容的进出场的机会，尽量不要匆忙。

如果在交易中出现比较重大的失误，首先要做到的是不要惊恐，最好的方法是清理所有的头寸，远离市场一段时间，记住，交易所不是明天就关闭。

任何交易者，在所有的交易记录中，都会包括获利交易和亏损交易两个部分，这是事实。没有必要为获利的交易沾沾自喜，也没有必要为亏损的交易垂头丧气，**长期稳定的获利，才是投机者的最终目的。**

作为投机者，我们是在利用市场的价格波动来获得利益，只有当市场出现你所能够把握的波动的情况时，你才有可能获利，看起来很简单，但是这一点非常非常重要，就是说，一些波动你能够把握，另一些波动你不能把握，或者根本不需要去把握，比如向下的波动，或者幅度非常小的波动。因此，交易是参与你的系统能够参与的波动，而不是所有的。

一次交易是一个过程，不是一次简单的预测。简单地来讲，你要判断在什么情况买入，买多少，如果市场向你想象的方向发展，你应该如何处理你的持仓，如果市场不向你想象的方向发展，你应该如何处理？在你的交易系统中，需要有卖出的原则。

如果你有一些交易经验，很多时候对市场变化会有一些"感觉"，这些"感觉"应该建立在你的交易系统之上，我们相信，交易在更多的时候是要依靠感觉的。

无论什么样的交易系统，也不论什么样的交易原则，都可能发生错误，如何处理失误，是交易者是否成熟的重要标志。

　　交易者都有一种本能，或者说内心的贪婪：他们希望自己所有的交易都是正确的，一旦失误，便去寻找各种各样的理由为自己开脱。

　　认真想一想就很可笑，你在对自己负责，不是要向谁交代，何必自欺欺人？自己原谅了自己如何？不原谅自己又如何？

　　任何一个交易者，都会出现"错误"的交易行为。问题的关键不在于错误是否出现，而在于你如何看待错误，及时正确处置错误造成的后果。

⊃ 赢家重在交易理念正确

　　上面已讲到，对交易者而言，**最重要的是进入市场后，先树立正确的交易理念**。交易理念犹如造房子的地基，正确了才能指导一切行为，错了一切全错。

　　其次才是具体的交易手段。**应变能力又是很关键的一种能力**。不固执己见，随市场变化而采用正确的应对方法，这就是应变能力。

　　交易者应培养自己杰出的盘中应变能力，这种能力无人能教，全凭自己练，重复成功经验，树立"常赚比大赚更重要"理念，止损宁可错了亦不心存幻想。

　　经验都是用一摞摞金钱换来的！是一点点血泪积累起来！是无数次失败坎坷磨砺出来的！炒股太难了，根源在内心，战胜不了内心的贪欲和恐惧，那股市就是地狱！战胜了自己的心魔，股市就是天堂。**内心的完善才能让你真正进入交易的完美境界！**

　　我的交易理念是，既然这不是个可以投资的市场，那就以投机的态度参与。

　　交易手段就是抓热点、抓启动板、做主升浪，不奢求一朝暴富，追求细水长流，资金曲线图 K 线常红，不发生大回撤。

　　做市场热点，做最有获利大概率的启动涨停板，用复利手段堆积利

润，是小资金快速做大的法宝。

发挥自己在选股上的特长，做短线交易，而正确的短线，做的就是股票的突破，做的就是主升浪行情。

有了这些交易理念，在股市常做对就不再是件困难的事，对一般人而言，难就难在开始，难在纠正已存脑中的诸多错误做法！

要纠正已有且根深蒂固的交易理念，对一般人来讲已经很难，对性格固执的人则是难于上青天。这就是为什么网上很多人"叶公好龙"的原因，他们亦看到、听到、学到不少高手的交易手段，但这些具体的交易手段，与他已固有、坚信不移的交易理念相违背，最后只能放弃。

因此，**如果你要成为股票市场中的常胜赢家，你一定要先纠正过去已有的一切，树立适合股票市场的交易理念，自以为对未必是真对，只有经过长时间交易实践，证明确实是对的才行。**

第四节

勤奋学习是你成为实战高手的唯一途径

一个人进入股市，最初一定是一无所知或略知一二的"菜鸟""韭菜"，菜鸟只能做成佳肴，韭菜生长就是为了被割，这种生物注定了宿命的归属。

你肯定不甘心永远做菜鸟，做韭菜吧？

要改变，要成为高手，学习、训练是唯一的捷径，没有第二条路。

你要想成为高手，就一定要向高手学习。

普通的散户多数没有什么好的经验，有的也是一些平凡的经验，不能指导你走向高手之路。

只有高手才有一般人没有的特别经验和方法，他们才是散户中赚钱的群体，他们才是股市中的赢家。

向成功者学习，有助你快速走向成功，只有高手才能帮助你成为高手。

高手炒股的经验、方法不是天生的，是他们在实战中磨炼出来的，也是用钱赔出来的。

高手起初也大多经历过比较大的亏损，从中积累了一定的经验，付了非常高的学费，然后才进入常赚少赔的境界。有不少散户虽已付出了非常高的学费，但还是找不到正确的方法，就是因为没有做好总结这件事。

《卖油翁》这个故事，就向人们揭示了"熟能生巧"的道理，对于股市中散户晋级成为交易高手，有深刻的借鉴意义。

古代有个叫陈尧咨的人，擅长射箭，以此自矜，而卖油翁只略表赞许。他把一个油葫芦放在地上，用一个铜钱盖在葫芦口上，将油通过钱孔灌入葫芦中，钱孔却不曾溅上一滴油。真可谓妙哉。陈尧咨的超人本领和卖油翁的绝技，是天生就有的吗？非也。卖油翁曰："我亦无他，惟手熟尔。"

从菜鸟到大师的距离，就是练习！

某位初中都没有毕业，却获得全国拉面比赛第一名的青年，在聊天时，曾经非常自信地说，"我敢保证全世界没有一个年轻人，在十六七岁时能像我一样，脱光衣服在家里练做拉面，用汗水和面！我每天练习做拉面，就一个标准，就是看有没有练出汗来。没有练出汗来，就绝不能停止！每天练出汗来以后，再穿上内衣，穿上衬衣、穿上西装"。现在，他穿着西装做拉面，可以做到不让面粉沾在西装和领带上，一个白点也没有。他天天练，不管多忙，第一名就这样练成了。

大家都喜欢的"篮球之神"迈克尔·乔丹，从打球开始，每天必须练两小时，天天练，上午结婚下午练球，只有一天没练——他爸爸卷入谋杀案去世那天，剩下的日子每天他都在不停地练习。

世界排名第一的高尔夫球选手老虎伍兹，他给自己的规定是：每天必须练习挥杆一千次，绝不能中断。有一次，他生病了，在医院里躺在病床上站不起来，一般人铁定放弃练习了。但是老虎伍兹就是老虎伍兹，你猜他做了一件什么事？他告诉护士给他拿一个小号的球杆，他在病床上躺着依然持续不断地练习挥球杆。所以，他现在是世界排名第一的高尔夫选手，一年赚两亿美金。这就是因为他天天练习！

所以，对于任何技能，我们"知道了"，没用！我们"理解了"，也没用！只有练熟了才有用！

如果你想在一个行业发展，你未来能够在这个行业走得久远，你只有一条路可以走，就是练到出神入化才能超越对手！

任何一个行业内的顶尖高手做事，都是一种"享受"，此时此刻，那个人和那个事放在一起，达到"人事合一"，人已经把一种普通的事情练成了一种艺术，他做这件事情的时候就像一种艺术在灿烂绽放！

曾经，世间所有的行业里都没有大师，大师也曾经是弱小的菜鸟，但是他经过千万次的练习，千万次的修正，千万次的反思和自我超越，将普通人远远甩在了后面——他就成了大师。

所以，**从菜鸟到大师的距离，就是练习！**

股市高手能辨别股市风云，清楚个股涨跌，获得让人羡慕的财富，散户可能会在心里发出赞叹：真是了不起，我什么时候也能如此。岂不知所有这些，都是他们**长期实战经验的积累，日夜思考的结果，精力和心血的结晶**。

大部分的交易者之所以无法进入"成功之门"，成为常胜者，关键在于还未找到"武功密籍"并修炼成功独门绝技的原因。

任何人的本领不是天生就有的，它需要经过勤奋的努力才能获得，这就是"业精于勤荒于嬉"的道理。

散户只要肯下功夫，深入股市之中，全心研究，经过长期的努力，一定会明白股市中的许多奥秘，熟练掌握炒股的方法和技巧，炒起股来就会得心应手，那是多么愉快的事情。

散户不要羡慕高手，高手也不过是"无他，惟手熟尔"。记住："临渊羡鱼，不如退而结网。"

天下成功者的道路上，洒满的是汗水和心血，成功的唯一捷径是勤奋，天道酬勤，你要相信自己的能力，要能够付出比别人多几倍、几十倍甚至几百倍的精力，瞄准高手这个目标，不断向高手迈进，就一定能成为高手。

无论做什么，想要成为高手，你仅仅喜欢做还不行，要热爱。**喜欢仅仅是感兴趣，而热爱则是怀有很深的情感。**

比如炒股，如果你不热爱炒股，而只是追求金钱，那么你很快就会发现炒股是多么的单调无趣，而且钱来得也远不如你想象的容易，你很快就会因亏损而失去信心。

著名炒家杰西·利物莫说过，"炒股是极其艰难的行业，想在这一行中立足，你或者全心投入，或者很快就从这一行消失"。

只有热爱炒股才能全心投入，才能专心致志，你才可能成为高手。

炒股的人千千万万，你要做得比他们更好，你如果只是正常地做4个小时，那只会是普通人中的一员。要想比普通人站得更高，看得更远，只有依靠4小时以外的努力，我的观点很明确："要想做事出成就，4个小时远不够"，勤奋是你通向高手的唯一道路，当然要方向正确，否则"方向不对，努力白费"。

努力才能成为高手。

第五节

心中无股，才能看到热点、牛股

在你学习技术之前，你必须先解决一个最关键的问题：你心中有股吗？

平时喜欢研究个股基本面的人，一定会有看好的那么几只股。正因为自己看好，所以平时往往只会盯着那几只股，尽量往好里想，一涨就想买，套牢亦不怕，死了也不卖，结果往往事与愿违。

心中无股很重要，只有心中无股，才能去关注市场中所有的股，而心中有股的结果，只会为了几棵树苗，而放弃了整片森林。

心中有股，最大的害处，是研究得太多，往往将它向好处想，一有走好迹象就会冲动买入。

心中无股，不研究基本面，只要今天强势，有大主力介入，能封住涨停板，明天能赚到钱就行。

心中无股，关注当天市场新热点，新启动的板块、题材，你就相信预警，能与市场强势股同步了。

能够做到心中无股，是一种境界，不到一定的水平，是达不到此境界的，毕竟每天出现将走主升浪行情的个股就那么几只，不从 2800 多只股票走势中去用心发掘，根本找不到。**你的境界到了，能力到了，自然水到渠成，将抓牛股这件事做得非常得心应手。**

第六节

正确理解短线、中线、长线概念

进入股市，因为各种因素，投资者会在交易过程中形成三种交易风格。

短线，一般指以 3 天持仓为一个周期，3 天不涨即卖出。超短则是今买明卖。

超短战法。超短战法，一种是指今买明卖，另一种战法是只持股 1 小时，当天最后半小时买，次日开盘半小时内出局。

采用这种超短战法的理由是，最后半小时指数走向基本确定，向上就可以买入并且次日个股仍有上冲余势，可以让你获利出局。

强势股在指数尾盘走好时，从横盘向上攻击涨停，此时买入，明天获利可以保证，次日开盘一般会跳空高开并放量上攻，当力竭滞涨时，就是卖点。这种现象发生在昨天涨停股上很普遍，卖点一般在 9:30～10:00 之间。

超短战法的最高境界，就是超短打板！

超短打板的操作理念和原理是，将超短战法与打板技术有机结合，形成最犀利的一招。

这种战法的实质，就是将当天市场中最强势、有买入机会、次日肯定能有获利空间作为标的股，注意抓住黑马股突然启动的机会，又可规避市场风险（如果当天市场环境恶劣，个股沉寂，就不会交易）。

超短打板，就是力图通过高频率的买卖行为，始终将资金布局在最强势个股上，这样做的最大好处是，规避买入弱势股随市场下跌或逆市场下跌的风险。

一般喜欢做短线交易的人，总以为短线追求的是短期的高收益，其实，超短并不是把短期的高收益作为第一追求，而是把**长期复利作为第一追求**。超短并不追求每天能暴利，也不追求资金曲线的快速上涨，而是**追求稳定盈利**，追求经过时间的培育，能通过复利实现每隔一段时间后资本金翻倍。本质上，是放弃短线的暴利，而力求每次小赚，**控制回撤，积小胜为大胜**。

这个交易理念，应该是大部分短线交易者并没有深刻意识到的，如果你现在知道了，并付诸行动亦不迟，因为，任何一个人的交易之路都长着呢！很多人做超短的交易理念不是这样，他们选市场中的强势股买入，追求的是一定要每天大赚，没有暴涨却幻想一定会暴涨，结果反而容易最终亏损。

如果相信"赵老哥"八年一万倍的短线投资奇迹，也就意味着**相信超短线高频操作是能够诞生奇迹的，而只有相信超短打板存在奇迹，你才能够非常投入地去学习超短打板技法和心法**。如果一个人他根本就不相信超短打板能创造奇迹，那么，他也就很难真的把超短线的奥妙学进去。

超短打板从本质上讲，**最高境界就是将隔日战法和龙头战法完美地结合**。

做超短只是为了始终站在主动位置，始终将资金布局于短线最强势的个股之上，这是短线滚动的极致目标。高手就在于能把自己的优点发挥到极致，并且在最大程度上减少无效交易。超短的精髓，就是寻找确定性，追求稳定复利。

短线。有些个股主力庄家在大涨次日，并不立即兑现利润而拉升，次日或平开或略低开，缩量整天收阴是观察重点。

这种走势一般以持仓为好，随着短期均线群向上发散支持股价，第三天向上攻击的概率较大，不能封板，就是较好的出局机会。

这就是一个理想的短线周期，当然扩展到 4 ~ 5 天也可以。但前提是，第二天收阴后，预测第三天或第四天，一定有个上攻过程。

如果第 3 天再收阴，且有二阴包前阳之兆，介入资金将被套，止损是必须采用的自我保护手段。

中长线持仓。这是个非常值得探讨的问题。

投资者买入后股价并未像预想的那样上涨，反而下跌了。有的投资者缺乏选股能力："反正也找不到更好的了，拿着吧，总会涨上来的。"出于这种考虑，70% 以上的持股者如是做。

在牛市环境中，这种做法也许不错，但在牛转熊或熊市阶段，这种做法能让持股者严重受伤。

最受伤的持股者是牛转熊下跌中继后，市场或个股见顶有了一段跌幅后进入整理，股价便宜不少，抄底者介入，但买入即跌，此时视亏损于不顾继续持仓，资产损失速度最快，因为这是股价主跌段。

买在行情起涨之始，短中长期全部多头排列向上，虽然不是天天涨停，但总是不断股价创新高，这才是正确的中长线持仓做法。中长线持仓正确的做法，应该是 3 天均线死叉 5 天均线后逢高出局，此位置对中线持仓者是个比较好的卖点。

下面以图 1-2 为例来进行说明：

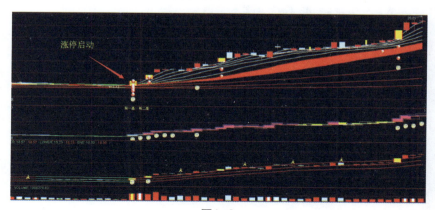

图1-2

如果成交量是正常量，长线投资者仍可持仓，洗盘后股价仍有创新高能力。下面以图1-3为例来进行说明：

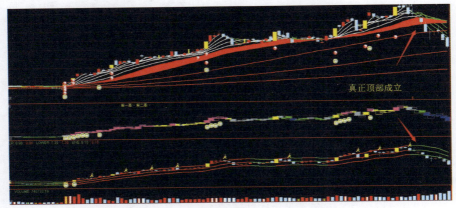

图1-3

牛市中长线持仓，有个难题，究竟用哪根均线为参考？一般用20天均线，但这时候的股价，从最高点可能已经跌去了20%或更多，稍有幻想就会等反抽，结果错失了出局的最后机会。更可怕的案例是用杠杆做长线，某股吧名人"雷立刚"者，2015年中尚在为自己资产有了1000多万元欢呼，时隔不到一年，居然只剩下了100万元。呜呼，心痛莫过于此，曾经大富过却一朝失去！

买入被套，打死亦不卖，这不是做中长线，那是"死猪神功"。

正确理解了短、中、长线的做法，根据你个人的性格，可以采取最适合自己的那种。

因为受股神巴菲特的影响，有人也有意仿效之。这不在我们讨论的范围，我只想说，中国上市公司的素质、成长性，尤其是股价成长性，就是巴菲特来中国投资也未必一定成功。

所以说，掌握了顶尖选股技术，有95%的成功率，择时做超短或短线是比较好的做法。

怎样才算是短线高手?

高手和强庄是相辅相成的,只有强庄出现,才会造就短线高手,就如没有猎物就没有优秀的猎手。既然连续涨停个股是强庄运作的个股,那真正的短线高手就不会在飙股启动之前出击。

这就导出了短线高手所应具备的第一种素质——**胆量!**

没有"猎物"就要韬光养晦,这就导出了短线高手的第二种素质——**忍耐,空仓等待!**

宁可错过也不做错,忍耐和空仓等待,是短线高手的至高境界。

但人非神,再高的高手也有出错的时候,这导出了短线高手的第三种素质——**果断!**

需要止损时,"壮士断腕"同样是果断的至高体现。

胆量、忍耐和果断,是短线高手的灵魂!

第七节

稳定复利才是暴利正道

用稳定的复利累积成暴利,才是暴利正道,这句话一般人不理解。

牛市,不可能贯穿整个年度,更别说熊市了。到年底盘点一下收益,我相信,大部分人一定会感叹:我资金曾经到了 ×× 万,可惜又还回去了 ×× 万。

通过短线不断兑现利润,将每次的"小利"叠加成"厚利",将无数匹小黑马"组装"成一匹大黑马,从而最大限度地累积盈利,这就是复利的魅力。

但要做到让利润奔跑资金不回撤,很难!

为了鼓励大家斗志，贴如下复利表（表1-1）共勉。

每日获利1%，每周获利5%，每月获利20%，一个月后才连本带利滚动投资。

表 1-1

月份	月收益率	累计收益率	月份	月收益率	累计收益率
1	20%	120%	7	20%	358%
2	20%	144%	8	20%	430%
3	20%	173%	9	20%	516%
4	20%	207%	10	20%	619%
5	20%	249%	11	20%	743%
6	20%	299%	12	20%	892%

起始本金10万元，每周获利5%（10万元的账户每周获利5000元），平均每天目标就是1%，等于10万元的账户每天获利1000元（剔除手续费），年终资金由10万元增值到89.2万元。

每日获利2%，每周获利10%，每月获利40%，一个月后才连本带利滚动投资，复利结果见表1-2。

表 1-2

月份	月收益率	累计收益率	月份	月收益率	累计收益率
1	40%	140%	7	40%	1054%
2	40%	196%	8	40%	1476%
3	40%	274%	9	40%	2066%
4	40%	384%	10	40%	2893%
5	40%	538%	11	40%	4050%
6	40%	753%	12	40%	5669%

起始本金10万元，每周获利10%（10万元的账户每周获利1万元），平均每天目标是2%，等于10万元账户每天获利2000元（剔除手续费）。

年终资金由 10 万元增值到 566.9 万元。

当然，这是理想化的收益状态，指数环境不可能让你天天有机会交易，尤其对要保证日复利增长又不回撤的高手而言，及时交易、及时空仓动作必须炉火纯青，在 250 个交易日中，可能有三分之一的时间必须空仓。

空仓虽然不产生利润但保证了资产不回撤。相对中长线投资者资金的大幅起伏，无论是收益、心情都更胜一筹。

从表面上看，每天 1% 或 2% 的收益，太少很不起眼，但复利是惊人的，股神巴菲特，也只是坚持 30 年年收益 25% 而已。

当然，稳定复利并不一定要做超短、短线，不管什么交易手法，只要保证周周赢利即可。

只是做中长线的人，往往会忽视回调，当小回调慢慢地温水煮青蛙，忽然某一天长阴破位而资金深套时，一切晚矣。

所以，**有了天天抓牛股技术，才不怕卖错，不怕买不到更好的股，才能充满卖出、买入信心！**

在牛市里你选准一只股，通过长期捂股就能实现资产增值，在盘整市或是调整市里，上升趋势的个股极少，盈利的方法只能是不断搏短线的差价，可以说，"涨停板敢死队"就是针对了新的市场状况，创造了新的盈利模式。

赚赔不是评价操作的标准，在能力所及的范围内，贯彻好自己的执行力才是最重要的。

这一点做到了，**随着对市场理解能力的加深，资金增值是水到渠成的事情。**

归根结底，流程化操作，必须运用系统的力量才对，一个流程错即全错，流程全部对了，结果基本也就对了。

要保持选股大方向正确的连续性、稳定性，提高针对性、灵活性、有效性，防止资金账户出现大的波动！

股市如战场，战场上什么最重要？一是命，二是信念！股市什么最重要？一是资金安全，二是成熟的理念！

复利的前提就是不亏损，要么不出手，**出手就要赢！**

证券市场是一个最善变、最难把握的市场，在这里要想有所收获取得成功是极其困难的，交易者一定要能够保持平和、积极进取、永不满足的心态，苦练基本功，力争让自己做得越来越好。在股市，对错有时并不重要，关键是自己的体系是否成熟，风险控制能力是否有所提高。

在资本市场中真正的投资秘诀是：

1. 充分理解复利的神奇意义；**2. 找到获取复利的方法后，无条件地执行下去，这样你就可以不受任何人和任何市场环境、任何信息的影响，资产大幅地波动了！**

要牢记对投资正道的理解：

1. 要有一套适合自己的完备的、成熟的、投资（交易）体系，这是你每次都能做出正确决策的基础；2. 要把风险控制体系，提升到体系当中至高无上的地位，控制风险是投资成功的第一要务。

第八节

做对的关键，是确定选股模型

指数波动而你受损，应该反思的是你自己的失误，而不应该去责怪市场。

我仔细研究市场每天涨跌幅榜前列个股的涨跌，**注意到，决定你能否获利的关键是选对股，**就像决定你后半生幸福的关键，是找对妻子一样。

大部分人的选股随意性重，看到上涨就追，除了心中有股的因素之外，学了太多的技术，只要对得上一种就敢下手，也是重要原因。

确定只做一种模式，除此不看，是一种境界，要达到此境界，坚定的意志、良好的执行力是关键！

现在市场环境好的交易日，涨停板股有几十上百个，涨幅5%以上的股几百个，很容易受诱惑选错。

在确定目前的交易系统、选股模型之前，我也一直在摸索，但现在定心了，不再犹疑，不再为不符合我模型的暴涨而动心："那不是我的菜。"

有心人总结某游资从200万元开始做大至上亿元，其所有的上榜股，模型固定，十之有九会成功，经过时间积累个股复利终成市场偶像。

有心者一看封板股，就知是某人操盘手笔，比如佛山某游资，模型是前一日缩量中阴今日板，必是他主买。有心者跟风必板，熟知此游资风格善于一日情，明天我比你先逃。

而且据我观察，一流游资以"一日情"积累复利者居多，这就是"游资"一词的由来。

只赚属于自己的钱，要做到真不容易！

确定自己的选股模型，实在是件很不容易的事情。

首先，你的功力未到，就无法找到最佳模型，唯一的近路是用别人现成的成功模型为己用。

得到选股模型并非就可以一劳永逸了，学习、掌握最佳使用方法也有一个过程，**真正做到如臂使指是需要经过长期刻苦训练的。**

用模型选股，做的是"大概率"，用这个模型有很大的概率能获利。

确定一个值得信赖的模型，是必须经过反复筛选后才能最后定型的，**它必须是最好的，放之股市而皆准的。**

在证券市场上，有谁敢说自己每次的操作都赚钱从没有失误过？所以我们要用"大概率取胜"。

所谓用"大概率取胜",取的就是大概率的胜率,"概率取胜"的准则是,虽然不能达到 100% 准确,但尽量向 100% 靠近。

做短线的理由是,尽可能快速获利以提高资金的利用率,以及减少持股时间以降低风险。

要用"概率取胜"就不得不提到"止损"。前面已说到,手工交易永远不可能达到 100% 的准确,必然会有失误的时候,一旦失误就要及时认错,小亏立即止损离场且永远只能小亏,否则一旦长期被套,"概率取胜"就无法贯彻实施。

建立稳定获利系统的重要性

确定了交易模型,还仅仅只停留在思路上,思路仍具有随意性,只有用完整的交易系统固定下来,才可能做到大概率获利。

要做好"大概率获利"这件事,只有交易系统才能帮助到你,稳定的长期赢利,必须得益于交易系统的助力。

尽管我们在盘中寻找的标的个股,是将进入主升浪的启动涨停板,但事情未必会尽如人愿,"看长做短",比"看短做长"更主动。

"看长做短",看个股技术形态、趋势、成交量组合,多重因子量化,最后得出买入的考量结果,是深思熟虑的,这样失误概率就会少很多,因为,成熟的交易系统,一定是使用者经过长期交易实践验证的。

第九节

交学费的过程是艰辛、不可避免的

技术是什么?技术就是江湖人的武功!

没有武功却到江湖上"装逼",经常被虐是必定的。

同理,没有技术的人,用宝贵的资金去交易,亏损都不知道是怎么回事。

立志成江湖第一人的人,除了天资、际遇,剩下来的就是不为人知的刻苦:先打基础,练十八般武艺,然后再练师门绝招,艺成行天下,傲视天下群雄如草芥!

欲获得股市成功,先学基本知识、常用指标,拜名师(这需要际遇:我就认识一个人,入门先跟随"钱龙软件之父"邱一平三年,后进唐能通工作室两年,运气之好无出其右者),深究并找到最实用的指标,大牛股上找共性,最后形成自己成功的交易系统。

但一个股市新手在成为成功者之前,往往在无意识中已经亏去了不少本金,这就是所谓的"交学费"。有的人赌性重,没有走上正确的路,已经负债累累,永远失去了机会。

因此,新股民在头几年只能小投入,向市场交些必须交的"学费"。

从幼儿园到中学,哪个父母为自己的孩子没有交过 N 万元的学费?股市成功者在学成之前的学费大多超过十万元。

你从高手那里学到的那些成功的炒股理论,要变成自己的交易能力,需要经历长时间赔钱的洗礼(自己的实践),如果心智不坚定,没有百折不挠的精神,很可能就会半途而废前功尽弃。

现在关于股市的文字材料,一个大屋子都装不下,你必须去粗取精,汲取精髓。你必须在不断纠正错误中,锻炼出适应千变万化的市场(特殊性)的**心理素质、判断能力、应变能力、纠错能力、执行力**,你必须靠自己去过十几道关。每一道关都需要交学费,如果你是有 100 万元的新股民,一开始就投入 100 万元,那么头几年的学费可能是 60 万元(亏损 60%);如果一开始只投入 10 万元,那么头几年的学费(亏钱)只有 6 万元(亏损 6%),所以说,新股民在头几年里只能小投入,因为小投入，亏损所交的学费也相对少。我遇到最残酷的现实是，有个来向我学技术的人，已经欠了 300 万元的债！

如果你没有绝对高的成功率，做个职业股民是不值得的。如果是上班族，首先要做好自己的本职工作，将工资收入积余储备成炒股本金。

炒股头几年很可能是亏钱的，只有你的工作才能给你或家庭生存的资金，以后即使是能够稳定盈利了，在刚刚入门的时候也不要轻易放弃本职工作，因为那样的话，你就不是原来的你，你的心理压力大为增大，收益率就可能大为降低。

当然，炒股有天才，但是极其罕见。

著名游资"赵老哥"赵强，大学尚未毕业就开始炒股，将 20 万元本金做到 20 亿元，也就用了 8 年时间，他现在才 29 岁。

勤能补拙，我等愚笨，只能刻苦。

股市最成功的交易者，一定是先找到最优选股模型，然后反复训练并形成固定思维，除此不看，每天简单地复制成功。

模拟买卖的重要性和方法

建立"模拟买卖账户"，可以不付出成本，训练自己的能力，纠正交易错误。"模拟买卖账户"是管控心魔的有效方法。没有建立"模拟买卖账户"就像开发商盖房没有设计图，施工单位爱怎么盖就怎么盖，钢筋爱用几根就几根，水泥爱用几包就几包，出现豆腐渣工程（炒股亏钱）的概率当然很高。

许多人不知道，其实通过"模拟买卖账户"交易，可以提前几年成功。"模拟买卖账户"就像是考试的标准答卷，实际账户是真实答卷。在收盘后，实际账户可能盈利 3%，而"模拟买卖账户"可能赚钱 5%，这是常有的事情。差距使得你不得不寻找原因，主要原因是心魔导致违规。差距使得你不得不将实际交易接近"模拟买卖账户"，于是，用"模拟买卖账户"把自己的手脚捆起来，把自己变成半机器人，终于减少了许多交易错误。

"模拟买卖账户"实际上是明确性操作计划，每天不一样。老师每天都应该做教案，学生应该每天做作业（股票池、模拟买卖等）。

当学生不做作业就能考试及格吗？如果考试不及格（亏钱），为什么仍然不做作业？如果做作业可以扭亏为盈，你为什么不愿意？

第十节

涨停股次日表现，是你最好的老师

欲成为赚钱高手，必须掌握顶尖的技术，唯有涨停板技术，才是市场中顶尖的技术，这是所有有远志的交易者的共识。

但可能是因为个人素质的关系，大部分的交易者是失败的，交易对错各半，而对错各半其实就是失败！

尽管失败的原因各不相同，但是对你而言，亏损是实实在在的，经常做错，谁都不想如此，但事情就这么残酷，想改变也无计可施。尤其对在尝试学打板的交易者而言，有时候亏损程度会让自己痛不欲生的。只要你有过 5 年以上交易经历，遭遇过 3 次股灾，看着账户上剩下的那一半或更少的资金，可能会痛不欲生欲哭无泪。**如果你是个真正的男子汉，一个有担当、有远志的人，一定不会被挫折击败，继续跋涉前行是你唯一正确的选择**。

现在市场中已经有了 2800 多只个股，市场环境正常的日子，涨停股可能会有五六十只，好的日子可能上百甚至更多，除非是单边牛市，次日收阴的比例不小，略高开即低走的更多，这是因为这些个股并没有做好进入主升浪的准备，只是被动跟风上涨而已，而往往不成熟的追板者，买到的就是它们，结果第二天很悲剧地被套了。

怎么样才能提高追板成功率，不经常"吃大面"，唯一的途径就是学习，通过学习提高自己的能力。学习，还有个怎么做到事半功倍的问题。网络固然方便但鱼龙混杂，书籍又往往有时效性，有些技术在当年刚面世时，的确效果很好，现在却过时了，甚至成为庄家的做局工具。

高手、游资们也在日益提高自己的能力，市场很残酷，不进则退。最好的操盘技术，就反映体现在连板牛股上，能连板成大牛，不仅仅取决于主导升势的主力、机构、游资、庄家的资金实力，更多的是懂得利用趋势，顺势而为水到渠成。这个群体的佼佼者们也在互相学习，教材就是牛股，找规律、找共性。

作为跟风的我们，更不能落伍，脚步一定要跟上最成功者，学习他们的技巧，化为自己的功力。他们的技术，只能从他们交易的股上去学，靠自己悟。

同样是涨停股，次日走势却有天壤之别，这就需要我们从盘中去辨识，预测次日谁最有可能连板或大涨，这能力也不是一朝一夕就能具备的，是需要时间、渐进过程的。

学习，就是把大牛股们作为目标，尤其是最近发生的，本周的大牛股，这样的学习方式，才可能达到事半功倍的效果。

第十一节

"启动板"，抓住真正的获利机会

市场环境，从大时间周期讲，分为牛市、熊市，从小时间周期划分，有月阴线、月阳线和周阴线、周阳线之分。牛、熊市可能跨越几年甚至更长，但月 K 线、周 K 线是会阴阳转换的，而周阴线也不可能连跌 5 个交易日，月阴线更不可能连续下跌 22 个交易日。

熊市、牛市，对中长线持仓者而言，可能会有很大的影响，对短线交易者而言，除了股灾期、暴跌日，就算是在其他下跌的日子里，也还是不乏交易机会的，只不过对交易者个人的能力要求更高，陷阱更多些更容易犯错而已。

现在我们都知道，目前我国 A 股上市公司已有 2800 多家，一旦注册制开闸，市场大扩容是一定的。个股数量多后最大好处是，东方不亮西方亮，不再齐涨共跌，总有个股机会可寻。

当然，市场环境越差，个股机会越少，也会出现资金抢筹那些"万绿丛中一点红"现象，市场高手眼光更集中到那些好股中去。什么是当天最吸睛的好股？唯有涨停板！尤其是那种一根涨停改变形态、改变趋势的历史股性活跃的个股。

个股能够从表现平平的从前，突然拔地而起封板，绝非偶然。其背后的原因无非有三：1. 当天市场环境好；2. 庄家认为行情发动时间已成熟；3. 游资相中做一把行情。

不管是什么理由涨停，敢封板、封得住涨停板，这件事情能够成立，就说明了行情主导者、跟风者的实力。1000 万股封单从头封到尾，和反复开板却尾盘还是封住板却封单不大，二者之间区别并不大，这只是主导行情主力的不同交易策略而已。

早市 1 浪封板，或 3 浪、5 浪封板，宣示的是主导行情者的实力、意愿，封单巨大，持仓者会惜售，企盼明天卖在更高价，而"烂板"，封单不大老是开板，让持仓者闹心，最终承受不了折磨选择卖出。尽管这两种主力的操盘手法上有所不同，但封住板是殊途同归的结果。

只要封板股走出这两类走势，就说明当天一定有资金实力强、操盘水平高的主力在主导行情，至少次日也有个拉高出局的获利空间。真正有看盘能力的高手，关注的就是这两类股。

我们当天通过盘中交易细节，知道了这两类股有强庄、游资在主导行情，但即便是形态完美，真正第二天会连板或走出主升浪行情的概率，仍只有十之二三，买中连板不排除有运气成分在内。当然，如果个股行情明显由题材导致，相对就要易辨识多些，把握性更大。

虽然说，尽管是这两类强庄、大主力在主导行情，但次日连板、走主升浪的概率仍然只有百分之二三十的可能，那是不是就证明这种启动板战法不够完美了呢？

我们做短线或超短的交易者，追求的是获利确定性，正因为现在只有封板股次日获利概率最高，所以才有了庞大的"追板族"群体。虽然追板成功与获利并不能画等号，但正是因为看中了大概率获利的优势所在，所以才参与者众。

分时走势是末，日线图才是本，本末不能倒置。但有一个现象是共性，**当天成功封板的个股，一定是日线、分时皆完美的，失败一定是两方面都有缺陷，或日线图上有缺陷，一个先天有残疾的身体，再大补也没用，股票也是这道理。**

既然这样，**我们首先要关注的是日线图上完美的股，但有些股在百分之五六涨幅时并不完美，如果你预测能力强的话，就能够预先知道封板后的完美。正是因为知道封板后必定完美，所以会提前关注起来，在最佳时间点买入。**

虽然启动板不一定会连板，但是如果符合上面讲的条件，次日获利是大概率，而那些从散户成长为游资的高手们，主要交易策略就是稳赚，不奢求暴利，因此，用涨停板战法，做启动板是顶尖游资们的共同选择，像龙虎榜第一、第二的上海溧阳路"孙哥"、银河绍兴"赵老哥"。正是因为连板概率小，这些游资做"一日情"，资金滚动上亿甚至成为巨无霸。

下面贴的是东方财富网的龙虎榜统计（图1-4），中国第一游资上海溧阳路"孙哥"、第二游资银河绍兴"赵老哥"的全年交易金额和上榜次数统计，从图表中我们可以看到，平均每天要做上一两只。

证券营业部上榜统计

| | 一个月 | 三个月 | 六个月 | **一年** |

序号	营业部名称	龙虎榜成交金额(万)	上榜次数
1	中信证券股份有限公司上海溧阳路证券营业部	12456245.66	1334
2	中国银河证券股份有限公司绍兴证券营业部	5861808.73	566
3	中信证券股份有限公司总部证券营业部	5380744.53	463
4	国泰君安证券股份有限公司上海江苏路证券营业部	4818742.10	906
5	华泰证券股份有限公司深圳益田路荣超商务中心证券营业部	4476643.18	1151
6	中信证券股份有限公司上海恒丰路证券营业部	3826206.40	472
7	中信证券股份有限公司北京望京证券营业部	3634053.93	231
8	国信证券股份有限公司深圳泰然九路证券营业部	3538769.68	1631
9	华泰证券股份有限公司上海武定路证券营业部	3496819.60	1282
10	申银万国证券股份有限公司上海东川路证券营业部	3101740.19	470

图1-4

奇怪的是，他们很少介入板后股，这就是为什么很多股吧"追板族"，经常吃"面"、吃"大面"的原因。你板后才看到、才看好、才下决心去追，他们正是利用了这一点而乘机派发筹码收获利润的。既然现在你知道了这其中的奥妙，以后是不是应该改变交易策略了？

做启动板，最重要的是成功率

既然认准了这"涨停启动战法"，怎么做精做得最好，才是更关键的问题。

这是个系统性技术总成，仔细看这本书介绍的内容，去构筑自己的交易系统，达到90%成功率了，你就进入了成功之门。当然，如果需要我的帮助亦可以。

第十二节

会选股不如会选时！

尽管你掌握了很好的选股、交易能力，如果不能正确地判断指数走向，依然不能获得真正意义上的成功，因为之前指数环境好时顺风顺水赚来的钱，很可能会因为一次指数的暴跌，快速还给市场。2015年两次股灾和2016年1月份的股灾3.0版，就给所有技术上仍存短板的交易者上了一堂生动的风险教育课，让你肉痛得一辈子忘不掉。

因此，**交易者首先要学会看指数走向，在指数走好之初大胆买入，即将见顶暴跌之初全仓出局，规避了下跌风险，保住了利润。**

在研判指数走向上，我认为图1-5中设置的技术指标组合效果不错，选取的是上证指数2006年10月至2010年6月的周线截图：

主图选用变色趋势线，上升阶段为红色，下跌阶段为绿色。在趋势线呈红色向上状态时买入，或追涨或逢低；在趋势线呈绿色向下状态时，空仓观望。

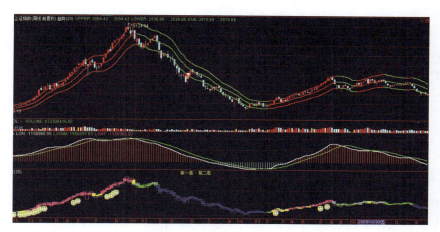

图1-5

　　第二副图指标选用的"量价趋势指标"，弥补了MACD指标只有价因素却没有量因素的缺陷。一旦见底后的重启升势得到量价配合，指标金叉向上，就是一波值得参与的行情。

　　第三副图指标，用阶段变色的显示方式，将市场运行过程中各阶段，用不同的颜色显示明确；让使用者有直观的判断依据。

　　对指数应"看长做短"，看周线图，准确判断市场下周可能会怎么运行，然后在日交易中做对。

第十三节

必须选择最犀利的武器

　　交易系统，就是战士手中的武器，抗战时期，战士们别无选择，能有一杆枪就不错了，现在的特种兵们之所以神勇，拥有高精尖的武器是关键。**我们在股市，为了高胜率，也需要最好的交易系统助力。**

交易系统，不是单一指标，因为单一指标有局限性，交易系统应该是整体的，比如现代特种兵，不仅手中的枪先进，全身所有的装备都是最科技化的。

我们在建立自己的交易系统时，怎么选择最犀利有效的指标作参考，非常关键，做不好这一点，一切皆空。

比如说"操盘手指标"，现在很多软件都还在作为特色当家产品宣传。其实在最初面世的十几年前，这指标因为首创"傻瓜式交易"，使用者确实感到很神奇、可靠，因为当时的交易行为并没有像现在这么活跃、激进，现在涨停板成了个股行情启动的标志信号，而当年，买对、买了不跌就很高兴了。

图1-6就是《东方财富通》软件的宣传效果图。

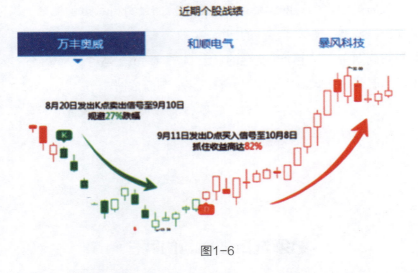

图1-6

但是，在实际使用过程中，你就会知道这个指标的致命缺陷，它能够把个股分为持仓、空仓两个阶段区别，但并不能告诉你这只个股现阶段是否会走主升浪。

以图1-7为例：绿色空仓，红色买入并持仓。但是，有红色持仓信号的个股，牛市中的每个交易日占市场全部个股的三分之二以上，何从选择？但用了同样的设计原理，却分类得到更精确的指标，其参考意义就更大，更值得采用。

下面以300033同花顺为例，见图1-7。

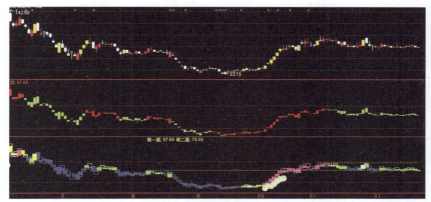

图1-7

再看图1-8，"操盘手指标"翻红，进入买入持股阶段，抢反弹的交易者，往往在逃顶后就急切地在等待着买入机会。而相信此指标的交易者，一旦看到指标提示，肯定迫不及待地买入且持仓，更多的人因为此时的股价已大幅下跌而感到值得持有，而在指标发出卖出信号时不愿相信其真实性，不会作出卖出决断，结果，悲剧就发生了。

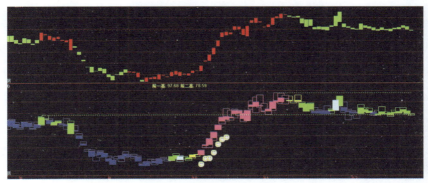

图1-8

2015年8月10日"操盘手指标"发出买入信号，开盘价70.27元，收盘价76.8元，涨幅5.69%，当然你不可能买在最低价，取个中间价吧，收盘在最高价，当天就赚了百分之二三的利润，高兴。然而次日升势并未延续但指标提示持仓。从第8个交易日起，指标又发出了卖出信号。但很多人因心存幻想而未必相信指标的有效性不能及时止损出局。

而我采用更可靠的"趋势加速指标"，只有在发出"进入加速"信号后才值得买入，且立即进入主升。但是，单一指标毕竟还有局限性，在参考作用上还有缺点，这时候就需要用几个甚至更多类似有特效的指标，一起来量化当天这个涨停板是否会进入主升，这就是我为我自己的交易需要而构筑的交易系统，取名"多因子量化交易系统"的由来。

第 2 章

交易技巧

成功学习是你成为实战高手的唯一途径

交易理念是交易中的重中之重，另类的交易理念——投机心中无股，才能看到热点，牛股

正确理解短线、中线、长线概念

交易赢的过程是很多……不可避免的

做对的关键，是确定选股模型

股价炒作全景图

技术的局限与指标助力

做启动涨停从学游资，选股开始

启动板，抓住真正的跌机会

涨停股次日表现，是你最好的老师

启动板，稳定复利才是胜利正道

副图经典组合——六线成趋势

经典主图组合

经典指标的使用秘诀

庄家运作全景图及龙头股产生条件

经典技术指标是交易者的必学科目

启动涨停板，发动主升很行情的标志

主升浪的两种经典模型

成功突破走出主升行情的形态判断

怎么学习涨停技术

谁震今天最值得买的

个股的涨停原因

涨停板的具体分类

买对的技术和能力的培养

分时卖出的技巧

买卖参考，分时均价线

分时走势的重要性

分时走势结构详解

对错在分时，分时揭秘及经典个股案例

"启动拦板"成因揭秘及经典案例

走出打"丰路板"上车机会

主升牛股启动板的……

追极买卖的才是最好的股

沒人原意买的才是最好的股

交易策略之上午买股须谨慎

尾盘「小时封涨停股」的操作技巧

用涨停股次日竞价来开始

打板不"吃面"，训练从……

第一节

掌握顶尖技术的必要性

什么才是我们值得关注的好股？这需要你长时间积累的经验去辨识。

平时我们会看到，市场中的个股，在同样的市场环境下，走势各异，大部分的股表现并不好，在市场环境好的日子也一样。

大部分表现差的股之所以如此，最主要的原因，就是控盘主力水平低下、实力太弱。大部分的时间，它们如大海中的小船，随海浪起伏，交易的主体是中小散户。

参与这种股，收益低下是一定的，智者会远离，而往往大多数散户参与的就是这类股。

每个交易日中，当天表现最好的股，后市表现亦最好、会走主升浪的股，一定是涨停股，创新高的涨停股！

完全可以这么说：每只个股每年的第一、二波行情，一定是主力庄家所为，行情起始日一定是个涨停板，这是个标志性的信号！

古人尚且有"学万人敌"雄心，在股市我们也必须这么做！

为什么市场中，每天会有一些股当天涨停次日连板，这就是庄家、机构、一流游资们在用自己的选股能力、雄厚的资金操纵股价。作为一个有能力的投资者，一定要具有辨识能力，在盘中就要及时介入。

股价在突破创出新高后，最有可能进入主升浪，而之前如果你因为看好基本面而忽视了技术走势，过早买入，就会被主力长时间的洗盘而折磨，又往往会在最后一跌（洗）中因恐惧而出局。

因此，**只有在最佳时间买入，才最能节约时间成本，买入后股价进入主升浪，立即飙升。**

那么，哪些特征预兆着今天这根阳线，就是最值得介入的时间呢？

这牵涉到很多技术问题，在股市，**技术不是万能的，但没有技术是万万不能的！**

要判断当天是否是最佳介入点，我们必须先掌握一些必要的技术，就是相关技术指标。

这些指标对我们在盘中作出正确的判断非常有帮助。

➲ 技术的总成

均线，就是市场成本，无疑是必须考虑的第一要素！

阻力是不可忽视的要素，上攻失败的原因，往往是上方的强阻力造成的！

指标，就是股市经典理论用最简洁、直接的方式，给予提示行情的性质参考。

成交量是原动力，没量就没有动力，尤其是第一个启动板，巨量突破是必需条件。

启动当天买入资金的意愿、实力，就体现在分时走势上，能走多高就看这两个要素！

涨停板制度，是将饱满的买入热情限制到此为止，要买？对不起，明天追吧。能封板的股，第二天仍有买盘会追高买入，这就是"宁可今天追板也要买"的理由。

有指标参考，以市场买入情绪为看盘重点：追买到没人愿意再卖了，封板前就是上车机会！

做市场中最受资金青睐、追买的封板股，是那些从散户成功晋级游资高手们的共识！

有坚定不受诱惑的执行力，是成功人士的性格共性，什么钱都想赚的人，当然不如那些坚持做最成功的一种模型的人的意志坚决，长期下来成就也一定远远不及。

第二节

技术的高胜率需要指标助力

大家要知道，如果你的思维依然停留在陈旧的过去，用的是证券公司提供的普通大众交易软件，那就好像在 21 世纪的现在，人家国外军队已经普遍装备了带有"激光瞄准器"武器时，你拿的依然是当年抗日战争中，八路军战士们常用的"汉阳造""三八式步枪"，如此悬殊的科技差距，结果可想而知。

我不否认，老"三八式步枪"也能打敌人，但靠的是个人苦练后的能力，但是用上激光瞄准器的新式武器，能帮助你更轻易地消灭敌人。

同理，先进有效的交易系统、技术指标，犹如"激光瞄准器"，有了它们，辅之以你自己正确的交易理念、操作技巧，在股市获得成功将会更加容易。

现在，网络上被开发、公布出来的技术指标众多，可谓是汗牛充栋，但最好的还是那些经过长期实践的经典指标。

指标必须简单、有效、易辨识，花哨只能好看、博眼球，并不实用。

这本书虽然从主升浪启动涨停板着眼，但所有的牛股的启动特征是一致的、相通的。如果你有心，一样能得到帮助。

毫不讳言，这是一本让你阅后告别"菜鸟"阶段，进入实战高手境界的捷径的书！

第三节

做启动涨停从学"游资"选股开始

用个通俗的比方讲，学武者初学武功，尽管学尽十八般武艺，但最终也就只能敌二三人罢了，如能进深山得天下第一秘籍苦练，技成后一招制胜而打遍天下无敌手！

现在就有这么一批高手，他们也是从中小散户起步，用智慧和执行力，形成了自己的操作技巧、操作风格，通过长期的交易积累，积聚了上亿元的财产，他们现在已经成为市场个股的呼风唤雨群体，他们的标签叫"游资"。

他们之所以从中小散户能成功演变为一代著名"游资"，因为他们各有一套交易选股战术，但又殊途同归，会一齐做市场中最好的牛股。

因为他们不会让个人隐私曝光，而"龙虎榜单"上显示的又只是所在营业部的名称，但大家都知道，这个营业部就是某"牛人"在交易。

比如，排名交易金额首位、最著名的"中信证券上海溧阳路营业部"，就是"孙哥"在做的交易；排名第二的"游资"是"银河证券绍兴营业部"，这是"赵老哥"赵强的席位号。

相对来讲，由于"赵老哥"外泄的资料更多一点，我可以介绍得更详细一些。

"赵老哥"赵强是个"80后"，他是中国股市至今为止最励志的人物，没有之一。

他是大学未毕业在2007年牛市结束后，携20万元资金进入市场的，起初"交学费"亏了30%左右，之后在形成了自己的操作风格后，就走上了成功之路，在市场环境恶劣的交易年度，他还能翻上一两番，牛市初至即进入"快车道",终于在2015年中敢自豪地宣称已"八年万倍"矣!

他是典型的"一招鲜吃遍天下"的交易风格。

因为之前他曾在股吧参加过百万元级的赛事,公开过交易记录,让我们知道了他的选股模型。

更在"2015股灾"时,他因持仓被关、被动成为上市公司股东而信息公开,市场精确知道了他的持仓。

之前资金量尚小的时候,他是"追随"做启动涨停板,之后就自己成了"主导",制造涨停板。市场环境不好时,仅做"一日情";市场环境好、个股形成主升趋势后,他甚至会持仓吃一波行情,在做南、北车合并行情上,赚到了最大的一笔资产。

为了让大家了解他的风格,我把他堪称经典的个案贴图详解。

因为超短"一日情"交易,让他被众散户痛骂为"砸盘强",让他要积阴德,可见"游资"的"一日情"超短,对跟风散户们的伤害有多深。

所以,你学涨停板技术,也要学会止盈止损技术,否则后果也很惨,毕竟"追板"是件高风险的事情。

2015年1月7日,他持仓的股票尾盘半小时放量急升封板,下面先贴日线图来进行说明,见图2-1。

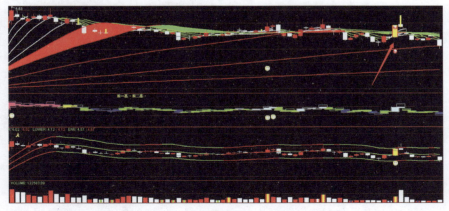

图2-1

再贴分时走势图来进行说明，见图2-2。

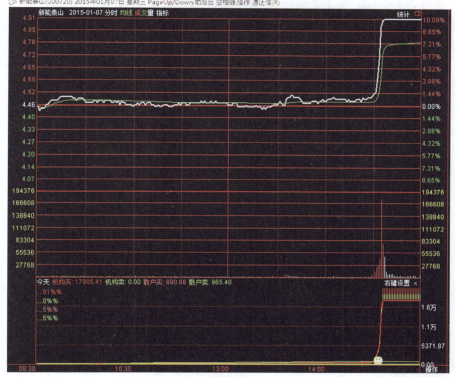

图2-2

因为当天各均线零乱，"游资"们做的就是"一日游"，亦只能做"一日游"。

第二天该股平开高走，最高冲至6.72%，11：14再做个"双顶"，把最后的筹码派发给做"二板"的"追板族"。到14：07，"图穷匕首见"，股价跌穿均价线，"游资"筹码派发完毕，股价跳水，尾盘收于最低点。第三天大幅低开收盘下跌5.57%，第四天下跌5.02%，从见顶5.29元后，8个交易日跌至4.01元！

下面贴2015年1月8日分时走势图来进行说明，见图2-3。

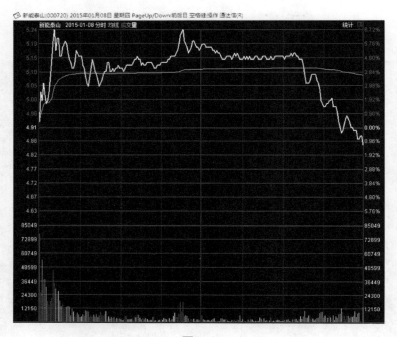

图2-3

这个股例有两点教训可吸取：一、真正的"启动涨停板"的均线系统一定是呈多头排列状态的，非常完美。如果是均线零乱的涨停板，一定要警惕"一日游"的可能，即使你再看好，跌穿均价线也是个比较好的"止盈点"。

"赵老哥"的选股模型，就是做启动涨停板。000720新能泰山，二季报公布的十大股东中，赵强是第七大股东，持仓254.71万股，第二大股东是孙煜，即著名"游资"上海溧阳路。

从这一事实中可以得知，"游资"选股也会一致，"殊途同归"。因为不管牛市熊市，只有做上升趋势股才是正道。

在选股上，即使是"涨停板敢死队"鼻祖徐翔，他的选股也同样是寻找上升趋势股的"启动临界点"！

下面贴"赵老哥"的经典选股个案两只，都是一张"脸"，一个模型（因为我构建的交易系统脱胎于他们的选股思路，因此，他们的买入日能很清晰地辨识出来）。

下面以图2-4为例来进行说明。

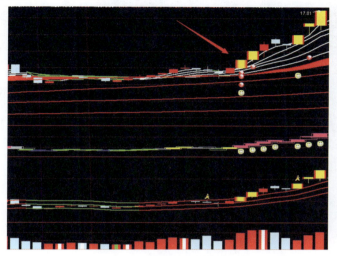

图2-4

红色箭头所指的那根"黄金K"，就是赵强的买点。同样的买点，还发生在2015年6月5日的000778新兴铸管，见图2-5。

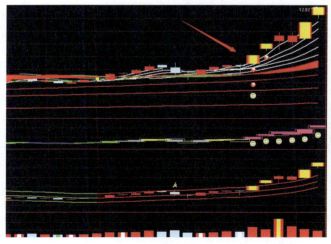

图2-5

两只牛股的形态、均线、启动点，是那么相似！

这些完美的涨停启动案例告诉我们，要做好交易，一是**确定选股模型**，二是**有坚定的执行力**！

确定选股模型，是因为其高成功率，一旦确定就非此模型股不做；执行力强，则是成功的第二要素。

忠告：如果你欲在股市获得绝对成功，必须做常人之不能！选股要选最牛、最有可能连板、走主升浪的，执行力要最强，敢追板不失误。

第四节

股价炒作全景图

天气有四季之分，股市有牛熊阶段。牛市牛股众多，熊市个股跌多涨少。

高手在牛市环境时会尽可能多地去赚取利润，在熊市之始离场休息，当然，能空仓等待是最佳策略。在值得交易的时间段，高手关注的标的股，一定是牛股。因为大部分的平庸表现个股，是不会给参与者带来暴利的。

个股，尤其是大牛股，一定是有主力庄家运作的，只不过因为主力庄家操盘手水平、资金实力的不同，个股的涨幅也有大小多少之区别。

高位放量下跌，是主力庄家在派发获利筹码兑现利润；长期下跌后，股价跌得只剩下一二成时，主力庄家就开始捡廉价筹码建仓。知道了这个过程，你就有了应对方法。

如果遇上买入后的走势并没有你预想的那么美好，那你就要立即思考，错在哪里并且立即纠错出局。

这是一只个股主力庄家在各阶段的表现，除了主升段，其他时间买错必须立即纠错。下面以图2-6为例来进行说明。

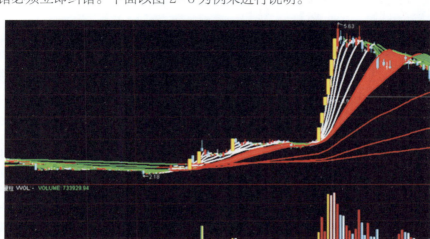

图2-6

分阶段进行详细介绍:

熊市末端,该股股价从最高位11.40元跌到最低的2.30元,主力庄家选中为标的股后开始建仓。下面以图2-7为例来进行说明。

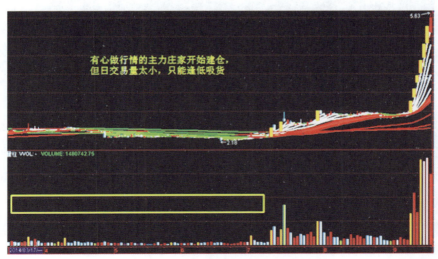

图2-7

市场环境开始转好，主力庄家开始加快吸筹步伐。

主力庄家采用了拔高吸筹、涨停买入手法。因为仍是吸筹阶段，所以第二天就行情熄火，除了眼明手快的"快枪手"，其他人很难赚到钱。

遇上这种类型的股，第二天收阴是可以容忍的，如果第三天在短期均线上行后依然收阴，说明主力不想拉升，主力庄家耗得起时间，我们的时间就是金钱，尽快出局为好。

走主升行情的股往往高开高走，高开低走、低开缩量都是毛病，都非常值得引起警惕。下面以图 2-8 为例来进行说明。

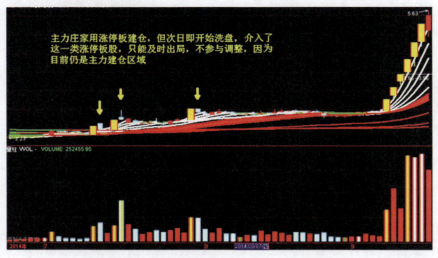

图2-8

经过长期吸筹，主力庄家低位仓已经建立完毕，进入主升前的最后洗盘阶段。这是时间最长最难熬的阶段，过早介入的投资者，往往在主升行情启动前绝望退出，痛失后面的巨额利润。下面以图 2-9 为例来进行说明。

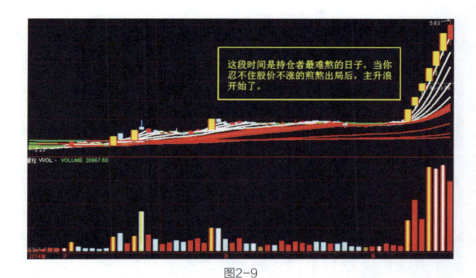

图2-9

做启动板的高手，因为心中无股，不会预先去关注此股，但放量启动当天的异动，一定会引起注意。下面以图 2-10 为例来进行说明。

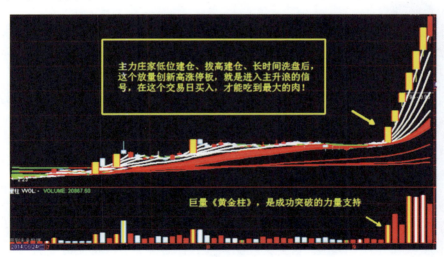

图2-10

6 个多涨停板后，短期内涨幅已经达到了可观的 90% 以上，主力庄家第一波炒作利润目标已经完成，之后进入阴跌出货阶段。下面以图

2-11 为例来进行说明。

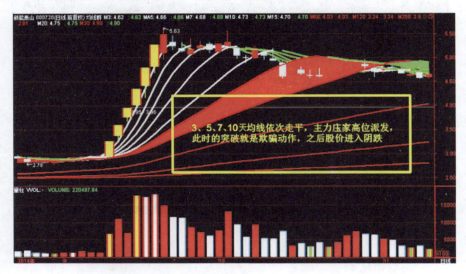

3、5、7、10天均线依次走平，主力庄家高位派发，此时的突破就是欺骗动作，之后股价进入阴跌

图2-11

做涨停板、买启动板，大概率抓住的是主升浪行情，就是吃到了最肥美的那段"鱼身"。

第五节

庄家运作全景图及龙头股产生条件

我的战法，是在板块启动日，买入成功封板的领涨股（龙头股），该股后市走出主升浪。因此，在买入前，你对标的股的性质，要有深刻的了解，否则是不可能成功的。

一只股票要成为题材、概念板块领涨龙头，必须同时具备三大条件，即"技术面支撑，题材面催生，资金面拉升"。

⊃ 技术面支撑

凡是看得出在启动之前有庄家建仓的个股，它的技术面相对要规范、标准一些。

庄家敢在一只个股上做庄，他的信息能力都是非常强大的，操盘按教科书上讲的那么标准：都是走"建仓、洗盘、拉升、出货"四步程序，只是风格不同、节奏各异、整个周期的时间长短不同。

底部横盘（建仓阶段）。他们很早就知道某只股票会有大题材面世，便开始在底部区域悄无声息地耐心吸筹，人弃我取。

杀跌挖坑（洗盘阶段）。大题材即将出来之前，他们会利用部分筹码进行杀跌，震出并落袋最后一批廉价筹码。

涨停突破（拉升阶段）。启动主升浪，是庄股的共同特征。大题材一出来，主力便拉出涨停，向世人宣告："有主力在做这只股，要大涨了，跟我来吧！"这时候，庄股技术面的终极特征就出来了，那就是"周期共振"——月线、周线、日线的先指标全部向好。同时还可以明显地看到，随着洗盘的结束，开始温和放量，直到涨停时放出巨量（少数股票由于高度控盘而放量不大），这就是**量价匹配、量在价先**。

⊃ 大牛股因大题材而催生

题材力度取决于政策，各级政府中，国家级、部委级、省市（直辖市）级、地市级、区县级政策，显然，国家级的政策力度最大，比如，十八大报告、金融体制改革试点政策、土壤环境保护和综合治理工作安排。

重大社会事件，包括国内、国外的突发性事件。

公司本身利好，比如重组、摘帽、涉矿、重大技术突破、高送转等。

以上三类催生因子，从另一个维度，可以分为直接相关、间接相关两类，显然，直接相关的催生力度要强一些。我们每天都会获取大量的信息，一定要快速、准确地判断它的催生力度，进行筛选，否则就会无所适从。

⊃ 资金面拉升

行情级别大的龙头股，尤其是狂龙，绝不是一个主力吃独食的，而是游资接力、散户追捧，众人拾柴火焰高。为什么有些股票一字板启动后，很快就趴下了？就是因为主力只想快拉快跑，根本不想做大行情，不让别人参与，吃一把小小的独食就算了。

涨停启动主升浪后，市场各路资金参与得越多，做多行为就越持久、越狂热，行情级别就越大。

个股要走出主升浪行情，上述 3 个条件缺一不可！

盘中我们经常可以看到，有的股票题材面很好，催生力度挺大的，但只是个"一日游"，甚至冲高回落、板不了，原因要么是因为**技术面没有准备好，时间和空间不够，要么就是主力实力不够，资金面欠缺、不行**。

有的股票技术面很好，已经或接近完成周期共振的构筑，但一直趴着不动，就是因为**没有主力发动或未到发动行情的时机**。

综上所述，确定个股会走主升浪，有可能成为启动板块的龙头股之前的选股标准，就明确了：

1. **题材面**。

2. **技术面**。

（1）首个涨停封板坚决（早盘封板且不开板，但不是一字板）；首个涨停（或二连板）为跳空，并实现以下三种突破之一：突破半年线（或年线）、突破阶段高点、突破历史新高。

（2）周期共振：月线、周线、日线的所有经典指标一起低位向好。

3. 基本面。首个涨停前的流通市值相对小。不过这个因素的作用不绝对，可考虑但不是必须考虑，因为，超大资金相中的亦只能是大盘股，**主要看阶段热点落在哪个板块。**

股票高手交易能力的"高"，其实是高在心态，或者可以称之为境界。最好的技术就是经验，好经验要带来好的心态。

股票高手大都具备一些共性，这些共性同样不在于投资的方法，而在于人的心灵，**在这个世界上，没有什么比心灵的力量更强大。**

高手的心灵应包括：

A. **自信。唯有自信，才能有独立的判断力，不在市场中随波逐流；唯有自信，才能不惧怕失败和困境，不在遭遇市场风险时怨天尤人或者自暴自弃。**

B. **执着与坚持。** 由市场交易者的能力区分的群体，像是一座金字塔，越到塔尖就越小，也就是越是到高处人也越少。投资之路好比登山，唯有执着和坚持才有可能到达顶峰，想走捷径的人最后的结果只有摔下悬崖。

C. **胆识和勇气。股票市场充满着机遇，也时常危机四伏，有时需要果断出击，有时需要全身而退，能屈能伸是一种智慧，更需要胆识和勇气。**

D. **气度和胸襟。**"宰相肚里能撑船"，延伸到现在寓意是做大事者要有宽阔的胸怀。**做股票难免会有得失，必须看淡而不能患得患失，否则影响的不只是股票，甚至是自己的生活。**

E. **平静与理性。** 股票是高风险行业，行情瞬息万变，信息和流言满天飞，不能理性面对的人很难做好股票这一行，难以控制情绪的人更不适合这一行。

F. **孤独。** 可以借鉴相反理论：**市场总是最终证明大多数人是错的。股票成功者大多也是特立独行的孤独者，只有孤独者才能脱离大众的思维和行为模式，也才可能优秀。**

G. 谦逊。低调做人却积极做事，这在大多数领域都适合，如此想不成功都难。智者不把自己凌驾于他人之上，承认自己的普通才更显得不凡，而那些自命不凡的人下场往往可怜又可悲。

H. 简单与快乐。股票只是人生的一部分，它并不复杂，如果搞复杂了就是还没有领悟到股票的真谛。人生最大的幸福是快乐，幸福没有统一的标准，关键是知道自己要的是什么。

第六节

经典技术指标是交易者的必学科目

技术指标分析，是依据一定的数理统计方法，运用一些复杂的计算公式，来判断大盘指数，以及个股股价走势量化的分析方法。

我必须要告诉大家的是，凡是鼓吹技术无用论的人，其实他们大多都曾经是学习过技术的，可惜只学了个一知半解，就稀里糊涂地用于实战，其结果肯定是遭受重创无疑了。因为对股票技术难以更深地去理解和掌握，加上在那些皮毛技术上栽过了大跟头，便脱离了技术门派，从此不再相信技术。

其实，不是技术无用、不好，而是使用的人不懂怎么使用、使用不当之故。

同样的一张图表，同样的一个指标，在不同的人的眼中，会有完全不同的解读和看法，从而产生不同的操作，其盈亏结果也是截然相反的。

图表和指标都是客观的，只是使用它的人理解上有差别，解读水平有高低，最后得到的结果也完全不同。

对技术指标的娴熟掌握运用自如，在短时间内的确有很大的难度，但难度大绝不是我们漠视它的理由。

真正的职业短线高手，都笃信资本市场的总体公平，绝不去怨天尤人，而是坚定不移地刻苦学习，去锤炼自己过硬的技术分析研判和实战操作功力。

他们的成功，完全是凭借着自己长期看盘积累下来非凡的盘口智慧，和铁一般的操作技术及纪律（执行力），而从来不会去听信什么股评，依靠诸如内幕贴士之类的东西。

不懂技术的，只能靠运气赚钱；掌握了真正的技术，则必然赚钱。

学习经典的技术指标，搞清楚设计原理（有人就为了这个，去自学软件编程，自己学着做个性化指标），但太个性化的指标我认为不好，最好就是市场长时间使用，大家一致公认的经典指标。

我曾从网络上翻看过 12000 多个指标，最终认为值得采用的非常罕见，最终还是采用些经典指标效果更好。

第七节

经典主副图组合——K线、成交量

讲到技术指标，我们一般将之分为主图指标和副图指标。

主图指标是最重要的参考图，它显示的是 K 线图，告诉我们市场现在正在发生些什么价格变化， K 线就是由开盘价、最高价、最低价、收盘价组成最直观的图案，每一秒钟都会随着股价变化而变化，从而让你据此作出交易决策。

因为主图指标是你决策最重要的依据，把哪只指标确定为自己交易系统的主图指标是关键！

而副图显示的是对主图中当天的 K 线，从某个计算方法、设计途径所作出的即时分析。每个副图指标中显示的，就是该指标对此 K 线而相对应的技术判断。

软件给我们提供了足够多的空间和位置，你可以将自己心仪的技术指标放上作为参考。

在主图上最主要观察的是 K 线变化。

K 线是灵魂，所有技术指标的变化，都是因它而发生的。

对每一种 K 线，你必须精确了解其技术含义，熟知此 K 线次日将因此带来什么走势，在买入前做出正确判断，在收盘前决定自己手中股票的去留。

各种收盘 K 线的学习、掌握是基本功，是你必须首先掌握的知识。知识是必须要学习的，但因为我们着眼于涨停启动板，更重要的是注重K 线与其他指标系统提示的共振量化。

主图上另一个重要的参考是均线。

均线，往往是采用一组而很少用单一的一根，它可分为短、中、长期三组。

当然，有的人特有心得，只使用一根 20 天均线为参考依据，则另当别论，那是个性化的结晶。

对你个人而言，均线的设置非常重要，它是你交易中最重要的参考指标。

主图是我们看盘过程中最主要的参考标的，有很多人另辟蹊径，将主要精力放到寻找副图指标上去，其实这完全是舍本求末之举，智者不为，副图的作用，只是辅助决策。

➲ 简陋交易系统的缺憾

既然我们知道了主副图的参考作用是如此关键，重要性绝不亚于战士手中的武器，这时候我们就必须知道，究竟我的"武器"是否犀利呢？

先看一下大家都在使用的，由开户证券公司免费提供的通达信主、副图组合界面，然后再与我在使用的，同样是通达信软件，但经过改造的交易系统的主、副图界面作个比较，就知道参考意义悬殊在哪里了。

举000720新能泰山为例，2014年9月9日涨停启动，之后5连板，事后大家都知道了，这是大牛股在走主升浪行情，但对于绝大部分交易者而言，他的交易软件显示，让你在启动当天绝无可能看到，并联想到该股会走出连板主升浪的可能！

正因为交易者交易工具的落后，让你在大牛股涨停启动日根本不可能察觉到它的参与价值，往往只能在盘后的复盘中，才有可能注意到，这就是"接盘侠"们的悲哀。

谁都不想做经常被割的"韭菜"，但偏偏有非常多的人，就是永远进不了成功之门。他们也在勤奋学习：从书上、股吧高手们的交流、实盘中学习，但每一种战法都只适合创造它的高手，因为他们独创的战法，是个人智慧的结晶，无数个不眠之夜，无数的成功经验、失败教训换来的，用语言、文字告诉你也没用，因为你根本学不到手的。

比如独创出十八种伏击涨停战法的×××，他自己可以提前预报个股，之后三五个交易日中出现涨停，且出过5本书，《伏击涨停》甚至获得2014年图书大奖。我也学习过，十几万册实体书的销量加上网络电子书，浏览群体可观。但除了在他的自留地"股海明灯论坛"，其他任何股吧似乎都不曾找到学习后能熟练掌握，且因此技术而为人所知的高手。为什么？什么参考指标都不用，仅仅只有"光板"K线图、成交量作参考，凭画线，又要学习并熟练掌握十八种战法，预知选中的股在3到5个交易日中会涨停，难！太难！

著名游资们的口号是："不预测，只跟随！"预测市场个股太难，跟随市场则易，资金流向什么板块、哪只个股是领涨龙头，宁可让它先走出来，然后才是重仓买入。

做跟随，就需要交易系统的助力，除了要知道题材之外，功夫主要在盘中。要想在盘中宝贵的时间里，快速辨识牛股，用普通的交易界面要做好这件事是不可能的，下面以图2-12为例来进行说明。

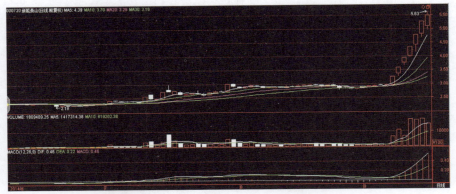

图2-12

上面主图中用的均线组合是5天、10天、20天、30天均线等4根线，及成交量指标、MACD指标的3图组合细而淡且不醒目，不易辨识。

更好笑的是，几乎所有的证券书籍，插图上用的都是这种画面，想想也不禁为他们悲哀，思维是高手，交易工具为什么就不能打造得犀利一些呢？

在图2-12中，涨停启动日唯一可以参考的是，4根均线黏合，成交量放大，MACD指标金叉翻红，你要说能就此判断出后市会连板走主升浪行情？不可能，因为一个交易日中类似个股不仅仅只有一只两只，多得很而且根本没有时间让你去仔细研究。即使有时间给你研究，你也研究不出什么名堂来，盘后才可以看龙虎榜，看看是谁主导了当天交易，或发掘一下背后潜在或明了的题材，然后才能作个次日买入的决定。

这种盘后分析、次日买入的战术，其实是很被动的，这就是超短高手最喜欢的"接盘侠"群体，正是因为有了这个庞大的群体存在，才有了"涨停板战法"的深入人心日益发展壮大。

能在启动当天封住涨停前买入，站的是主动的位置，问题是这件事难度太大，能力缺失的人根本无法想象。这就是上面这个界面给交易者带来的最大缺憾，更可悲的是，绝大多数交易者麻木不仁，以为炒股就是这么一回事，将错就错，一错永远。看看我设计的交易系统在涨停启动当天是多么醒目直观，下面以图2-13为例来进行说明。

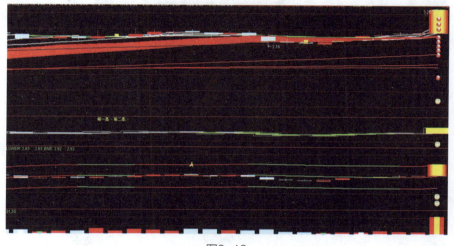

图2-13

该主图用了10根均线，涵盖了短、中、长三个均线周期作参考，启动当天全部多头排列，K线是"黄金K"，再加上7个"红球"信号1个"笑脸"信号，成交量指标是醒目的"黄金柱"提示，副图技术指标是布林线指标，但在使用及显示方式上，又与常规使用方法绝不雷同而别出心裁，不用来高抛低吸而用作进入主升浪提示。这么醒目的界面，与大部分交易者使用的界面相比，作出判断决策要容易很多。更何况，简陋的界面凭手工选股，要从2000多只个股在盘中精准找到它，有多难？

而我的交易系统在设计上，注重的就是涨停启动的"黄金K"，一旦符合条件（涨幅达到3%）立即会预警提示，略一辨识取舍立知。

下面以图 2-14 为例来进行说明后市凌厉的涨势。

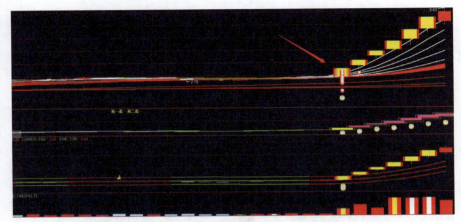

图2-14

图 2-15，是用均线作为参考的，而且由于暖色彩让图更鲜艳易辨识，再加上"红球""笑脸"信号，牛股在当天盘中很容易就进入眼中。

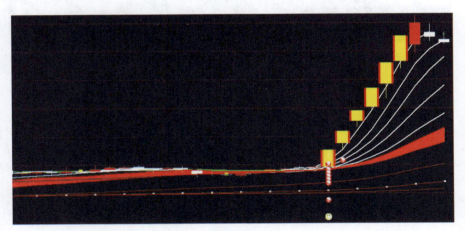

图2-15

上面虽然讲到了证券公司免费提供的通达信软件原始交易界面的简陋，但比较了市场上其他交易软件后，比如同花顺、大智慧，和小众的指南针、益盟操盘手、经传软件、东方财富通等市场流行软件后，我发现，通达信软件还是最值得使用的。它最大的好处是简洁，你可以借助这个优秀的平台，构筑自己个性化的交易系统。

书中介绍和提供的图例影像，都源于此软件。

⊃ 主图技术指标——均线群

均线，代表的是市场投资者的买入成本！

在技术分析中，市场成本原理非常重要，它是趋势产生的基础，市场中的趋势之所以能够维持，是因为市场成本的推动力所致。

例如：在上升趋势里，市场的成本是逐渐上升的；下降趋势里，市场的成本是逐渐下移的。

成本的变化导致了趋势的延续。

均线代表了一定时期内的市场平均成本变化。

均线是重要的技术分析基础。

对短线交易者而言，介入短期均线群向上的个股，其次日获利的概率，要远远高于短期均线群混乱或下行的个股。

均线，我们应将其分为短期均线群和中长期均线群两种，以适合不同的操作习惯的交易者。

短期均线群，我认为设置 3 天、5 天、7 天、10 天为好，而中长期均线群，看 20 天、30 天、60 天、120 天、250 天较妥，但是在设置时，应全部都加上，只是在颜色上要有区别，才能一眼分清快速辨识。

这种设置，有异于普通投资者的认知，但判断效果也是非常明显的。

均线的考量，除了向上延伸，更重要的观察点，是在各条线之间**依次上升的角度和平滑度！**

传统使用的 5 天、10 天、20 天、30 天四条均线，在观察依次上行的平滑度上的效果是不够完美的，因此，很有必要再有所增加，以期达到最佳效果。

有了短期均线群形成多头排列后的助涨作用，对中期持仓者而言，在3天均线没有有效死叉5天均线前，持股就是安全的。

传统意义上的中线持仓者，往往将卖点设在5天均线下穿10天均线之后，殊不知此时的股价已经从最高点回落了至少20%，尤其是主升、急涨股。

而3天均线死叉5天均线的位置，就要比5天均线死叉10天均线高很多，效果相同但结果更理想，而且一旦3天均线有效死叉5天均线，之后5天均线死叉10天均线的概率是90%，尤其是主升、急涨股。

中长期均线因为设置的是20天、30天、60天、120天、250天，在个股上涨后的回落过程中，对喜欢抄底的投资者而言，股价跌到以上均线位置时，会产生支撑并产生一波反弹，但前提必须是，这些均线是快速上行的！平走和下行绝对不行！

如果在熊市，股价在反弹中遇到下行的中长期均线时，往往会见顶回落，介入反弹者在遇到这种情况时，对卖点的把握上有很好的参考意义。

观察一只个股是否值得买入，在主图上我们应该重点观察的是短期均线群，刚形成多头排列状态是最佳的。

因为刚形成多头排列，说明之前并没有过大涨，尤其是之前经过大平台整理的个股，20天、30天均线向上，短期均线群又刚向上形成多头排列，后市大涨走主升浪的概率很大。

长期中期均线黏合然后发散向上，是大行情出现的征兆。

在我的交易系统中，主图、均线设置依次为：3天、5天、7天、10天、15天、20天、30天、60天、120天、250天。

下面用图2-16为例来进行说明。

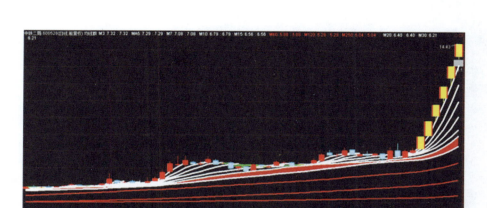

图2-16

看到这里，可能有些读者会发出疑问："为什么看你贴的图，就好像一张'脸'，都很相似？"这就对了，**为了规避盘中选股随意性**，我采取的做法是**固定选股模型，交易日如果没有符合模型个股就休息，这种做法最大的好处是能够尽量少犯错。**

因为个股要成功地走出主升浪，首先取决于庄家操盘手的技术能力、资金实力。因为主导运作一只个股，绝非易事，被选中主事者，必能力超凡，而市场中绝大部分的个股无庄，或庄家用人失误，是不会走出主升浪行情的。**庄家主操盘手必须熟谙战略战术，且战术运用怪异，才能欺骗大众，达到吸筹建仓、洗盘目的，而资金实力又保证了操盘手意图的实现，因此，二者皆不可或缺。**

对于专抓主升浪行情涨停启动板的交易者而言，要寻找的就是最符合后市会走出主升浪行情个股的技术共性。为了找到并抓住庄家的"腰眼""练门要穴"，我在技术上做了完整的设计，以达到一剑封喉的效果，而不像大多数人那样"光说不练"。

言归正传，鉴于我刚才的介绍中特别注重3天均线的作用，在这里再着重讲一下。

3天均线向上的时候，被称为短期向上攻击态势，角度越大，越陡峭，攻击力度越强；

3天均线走平的时候，被称为短期盘整态势，时间一般很短，两三个交易日内一定会选择方向；

3天均线向下的时候，被称为短期下跌态势，角度越大，下跌速率越快。

操作上，除了对3天均线的基本认识之外，还有很多技巧，最精彩的就是短线的追涨方法。

记住，追涨不是盲目追高，我们追的是盘中明白无误的涨势！

由于3天均线是加速上扬的，那第二天即使走坏，等3天均线掉头的时候，一般股价也在你当时买入成本以上，要领是只有处于加速状态下的股票才能用，并且3天均线掉头必须出局。

用3天均线的上升角度，去观察个股上升攻击力度，实战成功率很高，效果很好。你如果能多体会成功和失败的例子，你会想通很多道理。

对喜欢中线持仓者而言，送给你一句话："当3天、5天均线快速向上时，收盘只要爬得过一只蚂蚁就持仓，直至3天线死叉5天线，基本上可以通吃一波主升行情。"

因为均线在交易中的参考作用太重要，所以有必要着重再讲一下大牛股的均线助涨原理。

一飞冲天的股票，形态都像航空母舰的舰载机起飞，就是从平平甲板缓缓前进，到了某个节点，角度开始上升，然后一飞冲天。

我们就是要在盘中，去找到这个角度即将改变的节点，并抓住这个机会。

发现起飞那一个节点，必定是3天、5天、10天、20天均线同时陡峭向上的。

股票的起飞跑道，是指股票起飞前所依靠的均线，所依靠的均线周期越大，则飞得越高。

跑道上只有 5 天线为支撑的，而其他均线都在上面，飞 3 天该股票价格就会回落，因为上面有那么多障碍阻挡，飞机能起飞吗？所以起飞前要清障。

看看一只股票从低到高的反弹过程，就知道，每遇到一根压制在上面的均线，股价一般都要回调一次，尤其是当遇到 20 天、30 天、60 天、120 天、250 天这种中长期均线。

上涨之初所能依靠的均线越多，股价就飞得越高。

显然，如果一只股票在 5 天线和 10 天线都形成多头排列时，所飞的高度，要比只有 5 天线在下面作跑道要高得多，依此类推。

起飞前跑道的基础越结实，股票飞得越高。在修建公路的时候，都要有好几层，有三七灰土层，有石子层，有混凝土层等，要求各层之间结合密实，不能出现中空现象，这样公路才不容易损坏。股票的起飞也是如此，如果起飞前各个均线之间关系紧密，则基础比较扎实。关系紧密包括两点，一是距离比较近，二是起飞前形态要达到一致。

股票起飞前跑道要已经翘头向上，特别是跑道的底层基础部分，但最好所有的层都已经向上。如果上层也已经离开了底层，此时又出现上拐，为最佳。

结论是，只做前方无任何阻挡的股票，所有的均线都在脚下的股票，所有的均线都形成多头的股票。这样它们飞的持续时间长。

最有效率的进入点是在趋势形成之初。趋势已成之初开始买入，趋势将尽之时卖出，是最符合规律的方法。

注意观察均线的变化，只有形成了所有的均线都多头排列向上之时，方可进入。

1. 均线的角度和光滑度；

2. 各均线间的距离；

3. 各均线间的共振；

4. 均线的凸凹和组合；

5. 均线方向的一致性；

6. 均线的次序；

7. 上下级别的均线系统的契合性。

加入的条件不同，选出来的股票完美性就不一样，越是严格的条件，越能选出来完美的股票，但这样的机会很难得。

追求完美，是每一个炒股票的人都应该坚持的原则。

选一只股明天就赚钱不是问题，问题是，**怎样才能做到：让自己买到的就是明天表现最好的股票。**

一、位于所有均线以下的股票，其上涨效率是最弱的股票，因为其面临着层层压力。

二、位于所有均线之上的股票，其上涨效率是最强的股票，因为其上方没有任何压力（前高除外）。

三、均线之间的排列次序影响着股价的发展和上涨效率。最完美的股票是 3 天－5 天－10 天－20 天－30 天－60 天－120 天－250 天均线由上到下依次排列上涨，如果在此情况下选到 10 天线**初加速**上拐的股票，就是最完美的股票。如果有一点点的混乱都会影响股价的上涨效率和连续性。

特别要注意：

一、均线的角度代表着股价的运行速度，角度越大，速度越快。

二、大角度的均线是突破重要压力或者支撑的关键。

三、选股首选各均线上升角度陡峭的，因为这样上涨的速度才最快。

一只股票的上行阶段，均线的角度是慢慢增大的，主升浪行情时均线群却是加速上涨的，判断是否进入主升浪，均线群的快速向上发散及角度是重要依据，持仓与否亦应以均线群作重要参考。

但是实践证明，均线在牛市环境下判断主升牛股效果好，但遇上股灾后市场全部个股均股价腰斩，均线的参考意义全失，因为市场中再也找不到均线多头排列的个股，那是不是就不要操作了呢？那么 ENE 指标就应运而生了。

➲ 主图技术指标——ENE 指标

ENE 指标，也许很多人都没有听说过，更别提使用了，我几次接触、放弃，最后在股灾后才真正意识到它的重要性，尤其是在次日获利成功率、主升浪判断、上升加速、阻力判断上，是其他经典指标都无法替代、超越的。

正因为注意到了其重要性，现在我将它设为主图，作为买入首先要参考的依据，不符合者坚决不看不买。

这是个在揭示趋势运行轨迹上，很容易辨识运行方向的好指标。

这个指标简洁直观，使用秘诀是 3 根线必须快速向上！而启动日股价收在上轨线之上是关键！

图 2-17，使用的就是 ENE 指标，红色箭头所指的才是"启动板"，之前 2 个绿色箭头所指的涨停板，次日行情熄火，总不如次日连板更好，因此涨跌收于指标上轨上方这天，才是个最佳买入点。

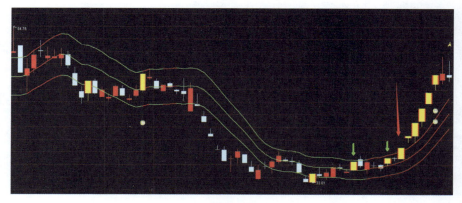

图2-17

这种使用方法，是逆常规的，这也就是在证券市场只有极少数人能赚钱的根本原因。

股价突破上轨，已经属于强势股了，再报收涨停，那就是强势股中的最强势股了。这种涨停板，次日连升、获利甚至连板，才更有保证。

➲ 成交量指标

价量是一体的。

价必须与量配合，才是完整的。

我们从主图上看到的 K 线（开盘价、收盘价、最高价、最低价），只有配上成交量，我们才能知道并看穿主力真正的意图。

什么才是健康的成交量配合?

简单地讲，就是**涨有量，跌缩量**。

更具体的是，突破必须有巨量的配合，才是理想的。

成交量的单一研判，不如组合研判有意义。

大部分的人，在看成交量时，仍停留在看单一日量阶段。事实上，**真正要看到本质，还是要看成交量组合。**

从成交量组合上，才能看穿主力的阴谋。

最理想的成交量组合是 3 天（4 天也相似）。

如果配合二阳夹一阴的日 K 线组合，3 个交易日的成交量呈"凹"字最佳。当然，如果第 3 天的量是第一天的 2 倍以上，就更靠谱了，尤其是第三天正当突破创造高时。

总之，"凹"字的 3 天成交量组合中，第二天量越小越好，第三天越大越好，说明卖盘衰竭之尽，主力了解到了市场持仓大众心理已趋坚定，之后主力的发力拉升，就是水到渠成之举，如辅之以完美的大洗盘平台，一波大行情呼之欲出，这是难得的个股机会!

下面用图 2-18 为例来进行说明。

图2-18

我们在看盘时，一定要重视成交量指标内含的意义提示，正确解读将得益匪浅。

大平台突破涨停启动板当天的成交量，是前一天的几倍以上，是近期的天量，也只有如此充沛的量能，才能解放所有松动的获利筹码，主力收集到最后一批廉价筹码。

下面用图 2-19 为例来进行说明。

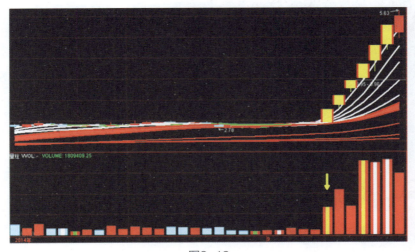

图2-19

上面介绍的主图均线或 ENE 指标、成交量指标，构成了必需组合，至少对一般境界的高手而言，对这两个要素是一定非常重视的。

第八节

副图经典指标的使用秘诀

每个指标都有它的使用绝招，普通人不知道，其参考作用亦就非常有限。为了找到交易助力工具，自从我进入股市以来，就一直孜孜不倦在做这件事。功夫不负有心人，那么多年的辛勤付出，终于在现在有了丰硕的成果。

现在网络上有了很多个人开发的个性化软件指标，但我一直在经典指标中寻找，经典指标使用者众，易形成市场合力，你只需做金字塔顶端的那一个就行，也就是对指标理解最透，知道其使用秘诀，而根本不用去担心什么"知道的人多了，会不会失效"等杞人忧天的问题。

我下面介绍的这些经典指标，都是市场交易者们已经耳闻目睹的，但我在使用方法上却又别出心裁，化普通为神奇，有一剑封喉奇效。讲到的那些经典指标的秘诀，也是构成我的交易系统的基础，现公布于众，结个善缘。能帮助到所有需要帮助的人，是我的宏愿，让大家就此走上用技术战胜市场之路。因此，希望你能认真学习、理解并掌握，并用此知识去构筑自己的交易系统。

○ MACD 指标的使用绝招

打开证券公司提供的软件，就可以看到它的原始设置：MACD 指标。当然，我并不是否认该指标的提示作用，事实上，目前中国股市中

99%以上的投资人在使用它。

MACD指标的设计原理，是以价为计算单位的，但不含成交量的因素。

该指标的绝招是**观察顶背离和底背离现象，来作为卖出或买入的依据**，一般的使用者未必知道或精通。当指标在高位出现顶背离或低位出现底背离现象时，就意味着一波大跌势或大升势的开始。

何谓背离？股价创新高，指标未同步创出新高，这就是MACD指标的背离现象。

背离现象发生在大涨以后，股价创新高指标却未创新高，这就是顶背离。

顶背离现象往往形成市场合力，股价形成重要的顶部，时间周期越长，杀伤力、调整时间越长。

如果长期下跌后指标形成底背离现象，即股价创新低指标却未同步创出新低，此底背离现象被市场认同，往往会出现一波反弹行情。调整时间越长，幅度越大，行情力度就越大。

大众化的指标，使用者众，认同度高，效果亦好。

这个指标在使用到捕捉涨停板个股时，要注意的重点是，**启动板日，指标形成底背离后刚出第一根红柱，那么短期内就还有很大的上升空间可延伸。**

如果指标之前红柱已多，且回缩，当天封不住板，报收长上影线概率较大。

这一般是股价连续上涨之后才有的现象，当然做启动板是不可能出此现象的。

⊃ 量价趋势指标——钱龙长线

注意到MACD指标只有价格，却没有成交量因素这么一个现象，我就发现MACD指标不那么实用了。

比如说某个交易日，某股报收长阴线，观察 MACD 指标一定是很难看的，大部分投资者会根据指标提示，得出行情转势结论，但因为当天只是地量，这根缩量长阴，就很可能是主力的洗盘动作，他自己的筹码并未卖出，被吓出的只是不稳定的散户筹码而已。

如果仅仅只看 MACD 指标会导致我们的误判，那么，"钱龙长线"指标，就很好地弥补了 MACD 指标的短板。

钱龙长线指标的设计中，除了价格因素更包含了成交量因素，因此它的提示更为可靠。

举例说明：个股上升趋势状态下，某日或因指数因素受累亦大跌，但成交量并未放大，只是地量，说明下跌只是被动牵连而不是主力出逃，反映在 MACD 指标上是趋势走坏，但钱龙长线指标因地量只是走平而已，根本不影响上升趋势。

因为仅仅只是走平而未影响趋势，根据钱龙长线指标作判断依据的投资者，就不会因误判而出局，从而丢失手中的筹码，尤其是对做中长线投资的人而言，这个指标更加值得重视且珍惜。

更加重要的是，因为量价的因素一齐考虑进去了，所以该指标的可靠性大增。

请注意，使用该指标要特别注重高位死叉与低位金叉，一旦出现并成立此现象，以后的股价波动就是主力的欺骗动作。

如果你已经卖出了之后，盘中股价却创了新高，指标下行依旧；如果你买入了，股价在盘中创了新低但指标上行，遇到这种情况时，你应该知道，没有成交量配合的表象都是骗人的即可。

钱龙长线指标最大的优点是，一般形成快慢线死叉、金叉，就形成趋势的拐点！

一旦趋势改变（形成新的趋势），日交易的涨跌，只要没有足够大的成交量配合，指标的行进方向不会变化！

以上证指数周 K 线图为例，见顶后做了个下跌中继整理过程，但因为这个过程是缩量的，对指标的提示并没有影响，指标下行依旧，最终下跌整理形态演变为下跌中继形态。

相信指标提示作用的中长线投资者，就不会轻易建仓。下面以图 2-20 为例来进行说明。

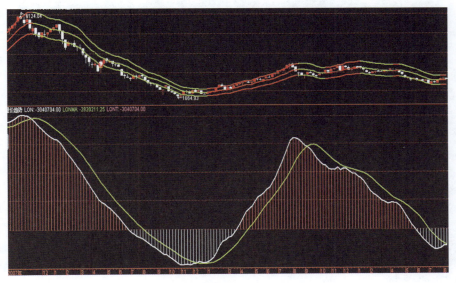

图2-20

图 2-20 是上证指数周线图。时间始于 2007 年 9 月至 2010 年 8 月。量价趋势指标死叉于 2010 年 11 月 9 日，看重该指标的长线投资者可以在周初或周内出局，下跌的时间、空间非常大且判断得非常准确，走势平滑无波动！

图 2-21 是牛股启动板日量价趋势指标的提示。

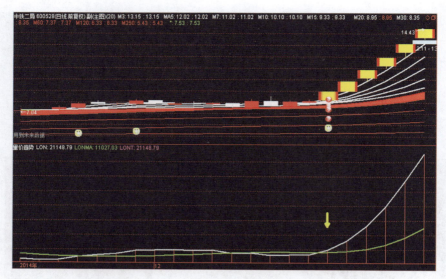

图2-21

在提示趋势顶底作用时，看MACD指标与量价趋势指标的提示区别很大，MACD指标的波动尚需人脑判断，量价趋势指标则不需再去辨识。

MACD指标在长期下行过程中，快线或慢线时有波动，甚至有交叉现象发生，绿色柱体伸缩频繁，在似好似坏中，对指标不精通的人，很容易误判。

⊃ 循环指标——慢速 KD 指标

一般的投资者最常用的指标，除了MACD指标就是KDJ指标。

因为股价呈波动状态运行的，因此，作为经典的观察股价运行轨迹的KDJ指标，就格外得到投资者的青睐。

KDJ指标因为波动区间小，容易一涨就触顶，一跌就触底，使用者极易产生困惑，从而被误导。

为了避免因为太频繁的波动而误判，同一设计原理但波动更稳定的慢速 KD 指标，就更值得重视和信任。

观察 KDJ 指标的重点是顶背离或底背离。

同样慢速 KD 指标的观察重点，也是 20 以下的底背离和 80 以上的顶背离现象。

比如上证指数月线图上 2005 年 6 月的底背离，2007 年 11 月顶背离，就铸成了大底和大顶，见图 2-22。

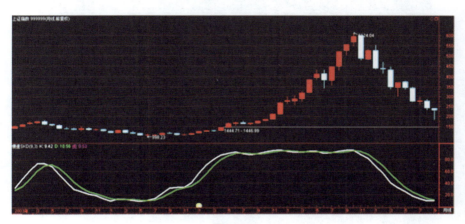

图2-22

因此，如果个股日线上出现慢速 KD 指标在 20 下方的快慢线金叉，之前又有底背离、双底现象，又能与钱龙长线指标的金叉互相验证一致，一般说来一波行情呼之欲出。

⊃ 创新高——箱体指标

股价什么时候最有上升动力？就是股价突破原箱体创新高时，箱体指标就是个很好的观察指标。

一般人关注该指标，往往注重的是买在箱底卖在箱顶，殊不知，真正的主升浪往往在突破箱顶之后，买在箱底一旦跌穿箱底就是主跌浪。

为了简化且更有效，用前高线作为参考，即有箱体指标的效果。在主图上作相关指标，当股价突破时的参考作用很好，见图 2-23。

图2-23-1

图2-23-2

⊃ 筹码分布理论

任何一轮行情都将经历由低位换手到高位换手，再由高位换手到低位换手，筹码的运动过程是实现利润的过程（当然也是割肉亏损的过程）。

低位充分换手是完成吸筹阶段的标志，高位充分换手是派发阶段完成的标志。

　　成本密集是下一个阶段行情的准备过程，成本发散是行情的展开过程。

⟳ 筹码集中度

　　表明主要筹码堆积的主要区域的幅度，数值越大表示筹码集中的幅度越大，数值越小筹码就越分散。需要特别提醒的是，这个集中的意思，不等同于庄家控盘，与龙虎榜数据完全不是一个意思。

　　缺陷是无法将其编成方案，只能通过一只一只股票的观察进行总结，得出以下结论：

　　1. 筹码集中度高的股票的爆发力强，上涨或下跌的幅度比较大。

　　2. 筹码集中度低的股票的上涨力度明显减弱。

　　3. 筹码的集中过程是下一阶段行情的准备过程，而发散过程是行情的展开过程。

　　筹码的集中为下一段行情做好了准备，将市场成本集中到一致，一旦向上突破市场就容易形成合力。

　　图 2-24 是第一个启动板时的筹码分布情况。

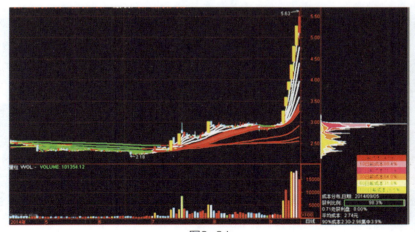

图2-24

　　了解了这个指标的特性，我们在观察心仪个股时，就要有意识地去看一下这个指标的提示。

⊃ 支撑压力指标

　　很多人都奇怪，为什么我的股票的放量上攻动作会失败呢？这就可能牵涉到一个上方有压力问题。我们用肉眼确实比较难分辨，但是用了相关指标后，这个问题就迎刃而解了。

　　凡是进入主升浪的个股，股价上方一定是没有压力的！同理，正因为上方的重重压力而导致反弹夭折，见图2-25。

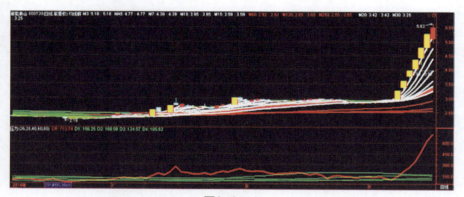

图2-25-1

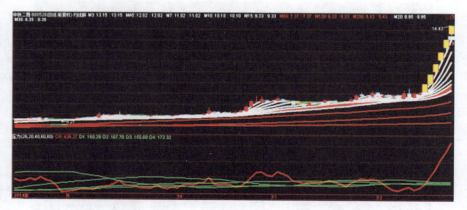

图2-25-2

因此，有了这个指标的参考，我们在选股时一定要选择上方没有压力线的个股。

◑ 主升浪指标——布林线

布林线是个大家耳熟能详，都会使用的指标，但常规的使用方法，实在是让它珠玉蒙尘。

在一般的使用方法介绍中，这个指标是用来作高抛低吸参考的，实际上它的使用秘诀却是，将它用来判断个股是否进入极端行情，即主升浪行情时，这是个很好的研判参考指标。

当股价在一段时间的小幅波动过程中，布林线的3根线成平行带状后，某一天股价向上突破穿出上轨，此时布林线的上轨下轨会快速张开，呈喇叭口状，这是个股进入急涨主升的明确信号！

此后股价一直在张口的喇叭口上运行，喇叭口状态只要一直保持，股价不收盘有效跌穿上轨线，任何的卖出行为都是错的，见图2-26！

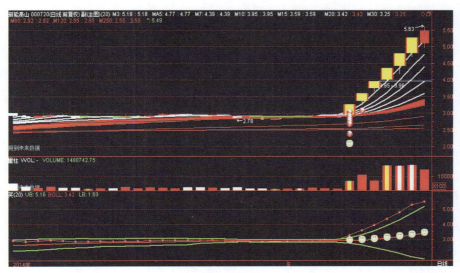

图2-26-1

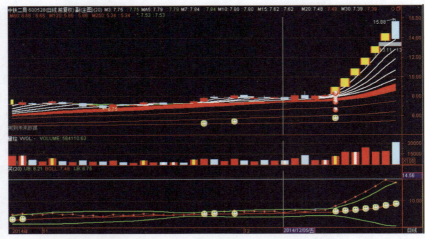

图2-26-2

⊃ 分时大单指标

在学习掌握了选股技巧后，你在盘中可以选出今天可能封板的目标股了，但是**同样的形态，同样也有指标共振，有没有游资、机构资金的主导买入动作，决定了后市行情的高度！**事实上，你也只能去买表现最好的那一只，前提是，**你必须知道哪只股当天有机构、游资在主导买入。**

个股的强势，如果仅仅只是靠散户小单的买入支撑，连当天能否封板都未可知，更别奢望成为大牛股了。

什么股次日还会继续上涨？这是困扰所有尚徘徊在成功之门前不得而入交易者的难题。我认为，跟着大资金走就有肉吃！

有个作者在著述中，一定要教交易者去分辨资金性质什么的，愚也。

我们在盘中根本不可能知道当天究竟是机构，还是游资在主导行情，但我可以从指标上、分时走势中看出，今天哪几只股有大资金在吸筹。

市场上机构、游资何止千万家，水平参差能力悬殊，当天上攻失败的个股，一定是主导行情资金水平太差，要么仍在吸筹期。

这种失败走势的股例，我们只要学会辨识，知道规避即可，完全没有必要寻根究底。

个股当天成功封板，次日大涨或走出主升浪，当天成功主导行情的操盘手，一定是能力超群的！现在市场上这类高手并不多，游资、机构主操居多，但往往总是由他们复制成功。

首先他们的能力体现在选股上，选股能力差，大资金买入就会被庄家狙杀；选股能力好，正好助力庄家一把，有钱一起赚。我们一定要站队到高手群体中，跟他们去冲锋陷阵。

收盘后的龙虎榜单，会揭秘当天主导行情的性质，我们要参与的个股，前五个买入席位中，最好是三家机构两家游资，或全部五家都是机构。他们未必相识或联手炒作，但他们的选股思路一致，殊途同归。四大证券报每天亦喜欢推介这种有五家机构买入个股。

以2只个股收盘后的交易席位为例，见图2-27。

买入金额排名前5名营业部		
营业部名称	买入金额(万元)	卖出金额(万元)
机构专用	9783.75	—
机构专用	7026.82	—
机构专用	4273.02	—
机构专用	2460.64	—
机构专用	1543.14	—

图2-27-1

买入金额排名前5名营业部		
营业部名称	买入金额(万元)	卖出金额(万元)
机构专用	13260.38	—
机构专用	9710.26	—
机构专用	9368.28	—
机构专用	5465.63	—
机构专用	4309.95	—

图2-27-2

当盘后你才看到这些有用的信息时，已经迟了，而滞后的信息有时甚至会误导你犯错。

同是因为技术形态完美个股，且不仅仅是一两个，而进入自选追踪后，怎么辨识其中那主力买入力度最大的，是关键问题，这个问题是买到启动大牛股必须解决的。

如果高手们说，我凭"盘感"就行，我无语。你可以经过长期看盘、交易，培养出这种杰出的能力，但普通人不具备啊，他们只能通过具体、直观、醒目的指标来辨识。

为了解决这个问题，我做了一个最直观的观察机构、游资买入力度指标。

它有3个提示：盘中即时机构买入、机构卖出金额、百分比；散户买卖金额、百分比，买入"笑脸"信号提示；最重要的提示：买入力度由醒目亮眼的"金黄色带"显示，并且会随着买入力度的增加而加宽，见图2-28。

使用了这么个指标后，当天交易中主力买入动作，就揭示得非常清晰，随着买入力度逐渐增强，股价最终封住涨停。

图2-28

因为我们关注的自选股不仅仅只有一只，如果每一只个股用一个显示屏，那数量就夸张了。我曾听杭州著名游资"章建平"所在营业部总经理讲过，为了帮助他达到最好的看盘效果，特地为他做了个电视墙，总共使用了22个显示屏。这种看盘方法，太累人了，难怪他每天收盘后必须按摩脖颈，否则长期下来谁受得了。

短线交易者，首先会关注当天的交易环境——指数，上证指数与创业板指数，代表着市场中二、八两类个股的运行状态，这就需要两个屏显示。其他那些关注个股，如果再一个一屏的话，那辛苦程度可想而知。

为了化繁为简，用通达信软件"多股同列"功能，效果就很好。为了在"多股同列"状态下，能看到主力买入动作，我又设计了分时主图上的主力买入指标，效果图见图2-29。

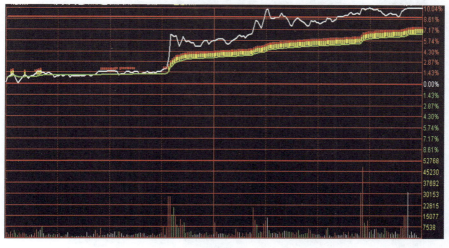

图2-29

○ 趋势加速指标

为了盘中能够正确研判个股的启动属于什么性质，是否值得介入这件事更简单，我做了个最直观的个性化指标——趋势加速指标。

其原理是，用不同颜色的K线，把股价运行的各阶段划分清楚，始跌出局趋势加速买入。

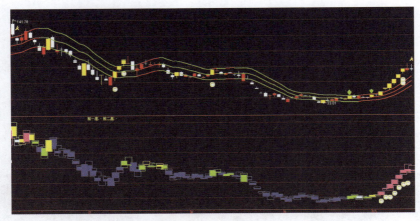

图2-30

图2-30是取自300033同花顺，时间始于2015年6月10日该股见顶，之后的各个阶段，K线的颜色给你的决策作了很好的参考提示。

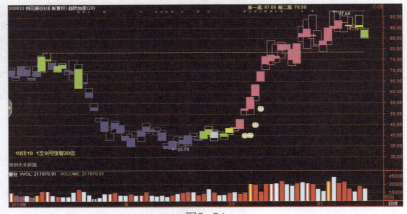

图2-31

指标设定了两个前高价点，在股价上涨过程中，有可能受阻于其中的一个，虽说不是绝对的，但参考意义还是有的。"笑脸"信号是个主升浪指标，能同时支持股价趋势加速观点成立，见图2-31。

同时将能互相验证的指标组合在一起，能更方便查看，是我尽量在做且力争做到最好、最完美的一件事。

第九节

经典指标的共振作用

经典指标众多，我们盘中的时间宝贵，尤其是预警时股价飙升，有时股价放量启动到封板，也就是一两分钟时间，你必须在最短的时间内，作出正确的判断。

这时候的你，根本没有充裕的时间去分析。为了解决这个难题，我创建了一种方法，把一些有重大参考意义的指标，不再单独开列窗口显示，只是在主图上用"笑脸""红球"的形式显示，见图2-32。

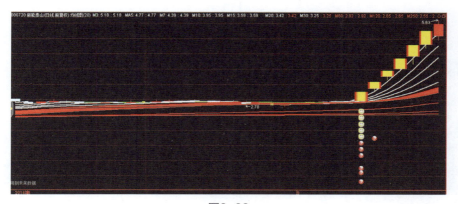

图2-32

图2-32中，有两个明显的提示，启动板日是一根特殊的K线，金色的大"金K线"，因为此K线含成交量因素，所以大于普通K线。

它如同初升的旭日般耀眼夺目，5个笑脸信号、6个红球共振，代表着11个经典指标认可今天的涨停板。

创建这种显示方式的原因，除了上面我介绍的几只经典副图指标以外，还有一些非常可靠的指标，能起到很好的参考作用，但界面上不可能全部放上去，为了达到快捷辨识的效果，用"笑脸""红球"代表不同意义的提示，就是我想到的最好的方法。

比如将 MACD 指标、SKD 指标、箱体指标、筹码分布指标，做成"红球"，每出现一个"红球"，代表这个启动涨停板符合一个经典理论。越多显示，说明符合的经典指标越多，后市行情越可靠，这就是指标共振现象！

有了这种显示方式，在盘中的宝贵时间中，就方便太多了，一般的强势股是不会出现指标共振现象的，即不会出现"笑脸""红球"的。出现了"笑脸""红球"，尤其在三四个以上时，你对这只个股的关注度大增，加入自选股，再仔细观察主力买入力度，对买对不犯错的参考价值，是你们无法想象的。

指标共振的最大好处是，你参考的指标数量不再单一，有众多指标能一屏参考，对你在做对这件事情上帮助极大，又能够一眼辨识。

第十节

启动涨停板，发动主升浪行情的标志

假如你对股市运行规律有一定的认识，也能看明白大多数股票的走势，但你还不能稳定获利，我建议你应该立即改变方法了，你之前的做法一定不对，你必须放弃，重新寻求更好的方法。这方法**未必要原创，可以学别人最成功的方法，比如游资、机构的选股方法。**

确认适合自己后，去学、去训练自己，只专注这一种战法，时间久了，就会形成你梦寐以求的稳定的获利模式。

我与粉丝的交流截图，见图 2-33。

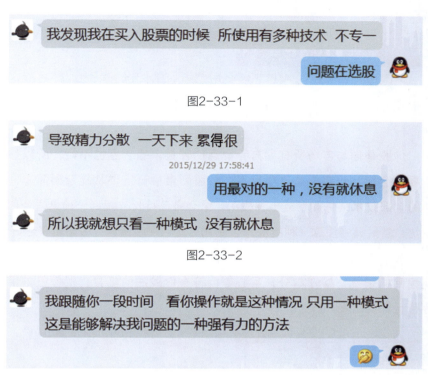

图2-33-1

图2-33-2

图2-33-3

　　成功和失败都不是偶然的，操作的失误来源于思维的混乱，手法多而不精，就是原先不成功的主要原因。单一战法，又是最好的战法，熟能成巧，想法和行动容易一致。

　　虽然说天道酬勤，但也是讲究方法的，炒股就是对人性的磨炼，如果境界不够那就得修炼。

　　有些技术只有亲身经历才能深刻理解，我们原先感觉会的手法，也不是真正的能理解到位，最后终于明白专注一种战法才是最对的，才能抓住市场给出的机会。

　　我们不是专给别人上课的老师，要知道但不必去学会所有的战法，你只有专一而精，才能在股市长久生存，就像古龙小说中的高手境界：

"小李飞刀，例不虚发"。还有形意巨擘郭云深，就是用"半步崩拳打遍天下"。就是一招精的好处。

一入股市，大部分人总想学全股票所有的技术，以为那样才行，往往很难克服多学技术的强烈欲望，由于我们的精力有限，结果就很难样样都精通。

炒股是你与市场所有参与者智慧的较量，差一点也不行，所以炒股不要搞全能，一定要是单项冠军。炒股到最后一定要从复杂到简单，把你的全部技术提炼凝聚成一种战法，结合自己特长，找到一种最适合你的战法，然后只专注这一种战法，会使你对它越来越精通，效果越来越好。

只专注属于你技术的操作模式的市场机会，不再眼红市场中其他眼花缭乱的干扰，恪守本分，耐心等待符合你战法的机会，就像狙击手在等待目标的出现一样。

其实，成功的交易就是用80%的时间去等待，20%的时间操作，只专注一种战法会使你的交易简单了。

虽然从表面上看你好像失去不少机会，其实股市并不缺少机会，只是你未必有抓住机会的能力。当你已能抓住属于你的机会时，只专注一种战法，成功的概率就会很高，这样你就有了一套完整的攻防策略，就像佛家讲的万法归一的道理一样。

很多成功的炒手，都有自己的独特战法，战法不尽相同，但只适合他自己，他们都成功了。当然他们也都经历过痛苦的历程，用"荣耀苦旅"来形容他们是最贴切的。

对急于成功的股友，我想问的是："你准备好了吗？你技术过关了吗？心态调整好了吗？执行力训练出来了吗？策略制定好了吗？你形成了自己成功的那一套战法了吗？"如果把股市比喻成战场，你是一名合格的战士吗？

很多人都是想边赚钱边学技术，那是没有意识到股市的残酷，股市没有捷径，唯有不断地努力学习，不断地进步，才可能生存。只要你没有完全的获得成功，那肯定是还有一个或几个方面存在缺陷、"短板"，找到它，尽可能把它完善，这时你离成功就近了。

这本书中讲述的是我经过长期成功的交易，总结出来的最犀利的抓启动板战法。我认定了这一招，它经过我长期的拾遗补缺、不断修改，才形成了完整的理论和交易系统。

抓个股主升浪，最掌握主动权的，就是买在启动涨停板当天，因为这个交易日最易辨识主力行为，很少对倒，就算"烂板"，也不是主力出货，**买卖行为是真实无欺的**。

因此，这本书主要就是讲述抓启动涨停板的技术总成。

抓住了启动涨停板，抓住了主动权，之后无论行情怎么演变，你都是立于不败之地的。

理论基础：

涨停板的推出，是防止新兴证券市场过度投机的产物，本意是防止市场过度波动。

但是，涨停板制度实际起了两个作用：一是在股票本身具有突然上涨 10% 以上冲击力时（比如突发重大利好消息、大盘反转），被迫在 10% 处停住，第二天由于本身上涨要求，还要继续上涨，这是一个明显的投机机会；二是涨停板对买卖股票的双方，产生明显的心理影响：股票涨停后，对本来想卖股票的人来说，他会提高心理预期，会改在更高的位置卖出；而对想买的人来说，由于买不到，也会加强看好股票的决心，不惜在更高的位置追高买进。

所以，涨停板的助涨作用非常大。当一只股票即将涨停时，如果能够及时判断出今天一天涨停将被牢牢封死，马上追进，那么，第二天出现的高点将给你非常好的获利机会。

有投资者说，现在追涨停板的方法全国都有影响，庄家也注意到了，庄家以后要和这种方法反做，以后这种方法用处就小了，实际并非如此。

任何一个庄家，如果他今天拉了个涨停板，并且封死了，如果庄家现在处于出货阶段，明天他就必须继续拉高，以在高点造成继续强攻的架势，引诱散户追涨，才可以在高点慢慢派发。如果他第二天让股票低走，不给昨天追涨停板的人获利机会，那么股票的这种走法对散户追涨的积极性打击很大，庄家自己也没有办法在高点出货，并且成交量也上不去，出不了多少货，所以，庄家必须继续拉高，承受昨天追涨停散户的获利盘，否则将是追涨停板散户和庄家两败俱伤的局面，而且庄家损失尤其惨重。

如果拉涨停时股票本身在低位，庄家还在建仓阶段，那么结果只有两种，要么庄家继续拉高吃筹码，给追涨停散户获利机会；要么迅速打低股价，要冒些被逢低买进的中线散户盘抢筹码或者被他人抢庄的危险。

有朋友说，现在庄家已经意识到这个问题，决定以后不拉涨停，以摆脱这种尴尬局面。其实这种观点根本就站不住脚，首先庄家在很多时候需要拉涨停来打开局面，尤其在需要出货的时候，所以根本不存在以后涨停板消失的情况。

更重要的普遍现象是，主力建仓、洗盘过程完成后，一定有个拉高出货的动作，即主升浪行情。

主升浪行情的标志性信号，一定是涨停板！你如果抓住了这个启动涨停板，短时间内获利惊人。

通过对出现过涨停的股票后市走势的追踪统计，研究分析得出以下结论：

1. 涨停股次日走势。

通过对出现过涨停的股票进行分析，涨停次日最高点平均涨幅为5.92%，按次日收盘价计算平均收益为2.86%。

因此，如果短线介入涨停股，次日平均收益也大大高于不封板的强势股收益率。

2. 涨停股次日走势与其股价高低之间的关系。

涨停股次日走势与其股价高低有着密切关系，可以发现，7 元以下涨停股的次日收盘平均涨幅在 4% 以上，远远高于 2.86% 的平均收益率，因此，介入低价涨停股的投资收益会更高。

我们还发现，介入 20 元以上的高价涨停股收益率相对较高。

个股涨停后的中期走势共有四种：

涨停后单边上行；

涨停后单边下跌；

涨停后先小幅上扬后下跌；

涨停后先小幅下跌后上扬。

研究涨停股中期走势的目的在于：假如介入涨停股后未及时卖出，中线持有的话，收益率有多大。

我们发现，单边上行和先小幅下跌后上扬走势所占比例高达 65%，即涨停股中期走势以上行的概率较大，涨停股的走势明显好于其他股。

严谨地说，结合数据，追涨停其实是概率战法，所以，小概率事件一切皆有可能。

所有的涨停板中，**启动涨停板是最有参与价值、风险最小获利概率最大的。学习、掌握了启动涨停板技术，能让你享受到赚快钱的乐趣。**

因为追涨停板是一项高风险高收益的投机活动，也是一门艺术，选择介入点非常重要。介入点一定要在待涨停个股最后一分钱价位卖单快被消化殆尽（只剩 100 多手卖单）时要快速挂单，敢于排队，一般都有希望成交，而且这个点位最安全，哪怕买不上都行。

最怕的就是在股票差 2 ～ 3 分钱涨停时，就急不可待地追进，结果往往当天被套，损伤惨重。这样的实例太多了。

对于涨停买入法，在使用时务必要十分小心，既要胆大心细，又要敏捷果断，特别要考虑大盘的强弱。

通常而言，在强势市场时操作较易成功，而在弱势市场中则假突破的概率较大。另外，个股的选择尤为重要，一般强势龙头股的操作成功率较高，而跟风股的成功率就可能会打些折扣，而且仓位上不宜重仓买入，因为这是一种高度的投机，收益大，风险也大。

第十一节

主升浪的两种经典模型

规范的个股炒作路径图中，一定有一波出货浪，这是主力庄家建仓、洗盘完毕后，进入拉升、派发、兑现利润的过程中最关键的环节，这个出货浪就是主升浪。

因为庄家控盘的个股整个炒作路径时间跨度很长，过早参与其中会让人很无奈。建仓、洗盘阶段尤其让人弃之不舍食之无味，唯有主升浪阶段最值得参与：涨停启动后连板，三五个交易日后横盘上两三个交易日，等5天均线跟上后再板，直到放巨量换手筑顶后，主升浪完成，主力派发了大部分筹码为止。这个时间段最短，最暴利，最值得参与！

我的主升浪战法，就是只参与个股的主升浪行情，并且严格限定在买入启动涨停板的那一天。

追板有风险，尤其对性格相对保守的人而言，不敢参与，其实相对市场中每天大部分个股，今天买明天不涨收阴而言，启动涨停板次日的跳空高开概率才是最大的。

做主升浪行情，先要把个股分为牛市主升浪和反弹主升浪两个类别。

牛市主升浪，无疑是最诱人的，亦比较好辨识：牛市主升浪的参考，以均线多头排列为妥。

牛市主升浪启动前，往往有主力庄家入驻，其运作过程都很清晰，可以用来参考的指标除了均线，还有箱体指标、筹码分布指标、量价趋势指标、支撑压力指标、布林线等指标。

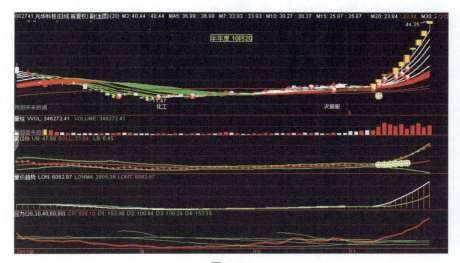

图2-34

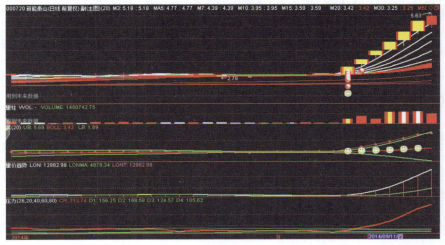

图2-35-1

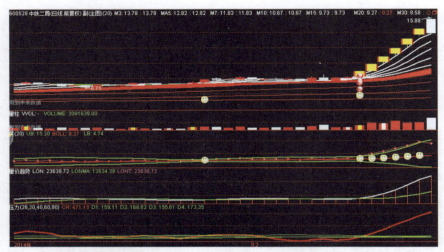

图2-35-2

图 2-34、图 2-35，集中了判断牛市主升浪效果最好的那几个指标，而且形态极相似，指标的提示亦很一致。这现象充分说明，牛股有共性、有一致性，可以用指标参考辨识出来的，抓大牛股并不是幻想，不是可望而不可即的事，你也做得到。

下面谈第二种主升浪——反弹主升浪的产生原因探秘。

运作反弹主升浪的主力庄家，一般往往是老庄，即原先就入驻其中运作股价的庄家。他们会因为某些原因进行第二波炒作。

一般而言，庄家第一次介入，选择的都是大型底部结构，初次建仓的筹码因为低廉，轻易不会清空。如果是一次完全按计划圆满完成的炒作，绝大部分筹码兑现成利润后，庄家会去寻找新的目标。

问题是，事情很难圆满到让人称心如意，比如始于 2015 年 6 月的股灾，就把很多庄家套在了高位无法出局：见顶是以一字跌停方式演绎的，谁都逃不了。股价很快从高位一字跌停直泻，50% ~ 70% 的跌幅让他们很无奈，之后的自救动作就自然产生了。

图 2-36，就是一波反弹浪的全过程。

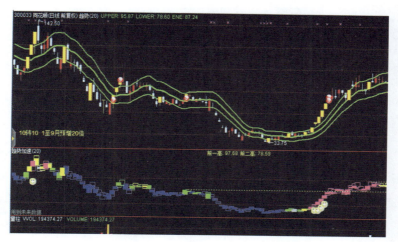

图2-36

将图 2-36 局部放大为图 2-37 再详解，低位第一个涨停板并不一定是启动涨停板！这只股在底部区域曾出现了 4 个涨停板，前 3 个次日并没有连板，因为条件还没有成熟，用我的交易系统看就很清晰，尤其是 2 个"绿色箭头"所指的涨停板，只有第 4 个涨停板，即"黄色箭头"所指的那个涨停，才是真正的启动涨停板，亦只有抓住了这个启动板，才有了 6 个连板。

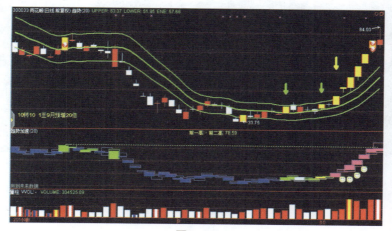

图2-37

只不过在做反弹主升浪行情时，你所使用的参考指标的选择很关键。如果选择不当，就无法下参与行情的决心。比如牛市参考价值很高的均线群，股价大跌后成了一个个反弹"拦路虎"，如果你再用均线做参考，根本没有信心。

从图2-38中我们可以看到，突破30天均线前的涨停板没有连续性，只有在站上30天均线，其他短期均线群形成多头排列后才出现连板，但上方的250天、60天、120天均线又会让你心惊肉跳。事实上，最后股价反弹突破下降趋势状态下的120天均线后，才见到反弹大顶的。

这时候如果有均线参考而不唯均线决策，更重视另两只指标的提示信号，可能效果更好。

如果你用简陋的交易系统，可能无法辨识，并参与反弹行情，更别说去抓住牛股了。如果交易系统参考价值高，抓住真正的反弹启动板亦不难，甚至很简单。当然，前提是你已经建立或拥有了这么个交易系统。

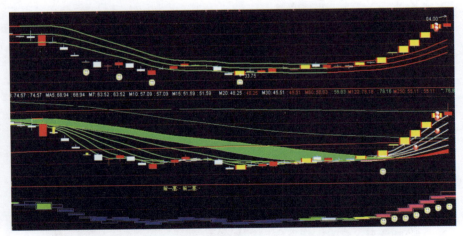

图2-38

牛市中，个股主力经过吸筹、洗盘阶段，然后创新高做主升浪行情，我们在启动板当天跟风买入，搭上顺风快车。这是牛市战法。

熊市，没有了主升浪涨停板股，初跌期最好的做法就是休息。

我是不建议抢反弹板的，有虎口拔牙的风险。但一旦反弹演变成趋势加速状态后，那启动涨停板一定不能错过！

因为是反弹主升浪，启动板日未必一定放巨量突破，平量甚至缩量都不妨碍它是启动板的性质，反而说明反弹主升浪是老庄自救动作。

这类老庄自救反弹主升浪目标位的判断，亦有参考点可循，一般是之前下跌3浪或5浪中的高点，如果主力实力强，之前的下跌很流畅，没有堆积大量的套牢筹码，反弹主升浪甚至会重新回到前高甚至创出新高。

第十二节

成功突破走出主升行情的形态判断

个股一旦成功走出突破性走势后，股价就会打开上行空间，在阻力大幅度减少的情况下，比较容易出现强劲主升行情。

因此，股价突破的位置，往往正是最佳追涨的位置。

追涨成功突破的个股，一定要考虑到技术形态问题。只有起涨日之前有标准形态可循，今天的突破又是水到渠成、顺势而为之举，这样的突破才是最值得信赖的。

在判断技术形态上，主要有以下几种方法：

成功突破箱体，见图 2-39。

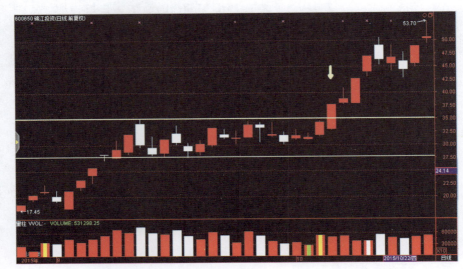

图2-39

成功突破长期下降趋势压力线的个股案例，见图 2-40。

图2-40

成功突破大平台套牢成交密集区，见图2-41。

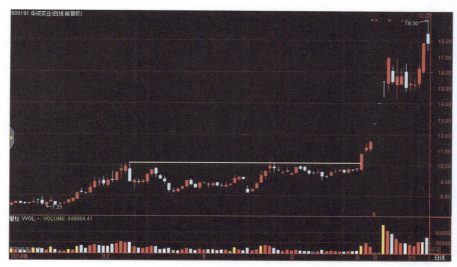

图2-41

成功突破大时间周期颈线位后走出主升浪，见图 2-42。

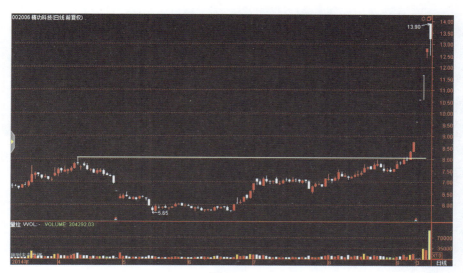

图2-42

成功突破三角形整理形态，见图 2-43。

图2-43

追涨成功突破的个股时，必须注意的要领是：

需要选择市场整体趋势向好的背景下操作。在大势向好时，追涨的成功概率较大。而在大势疲弱的情况下，即使个股短线形成突破，也会受到大盘的拖累，使得涨幅有限。

追涨需要果断！

果断的交易性格，是交易高手最重要的人性优点，不仅需要在追涨买入时果断，在卖出时更要果断。

因为追涨的股票，绝大多数属于进入快速拉升期的强势股，个股股价往往表现出快速上涨特征，但暴涨后又往往隐藏着快速调整的风险，如果投资者的操作过于犹豫的话，轻则错失机会，重则可能导致亏损。因此，追涨操作一定不能犹犹豫豫，而要果断干脆、眼明手快。

第十三节

怎么学习涨停板技术

涨停板是一把高收益高风险并存的双刃剑，失败者众多的原因就是，一般人只知道追涨停板股，而不知道什么才是值得买入的涨停板股。

了解并精通了上面介绍的相关指标，你在介入时就会事半功倍，会因此而减少很多失误。

首先，我们要知道，短中期均线刚开始全部多头排列向上突破的第一个涨停板，次日最高涨幅达到5%以上的概率是75%！

涨停板技术是最好的技术，无论你是做短线还是中长线，都是个最好的买点，很多大行情就启动于此板。

你如果要想成为一位短线高手的话，短线狙击涨停个股是最直接有效的办法，因为这是在最短时间里获得最多收益的操作办法！

紧紧盯住即将要或正在起飞的黑马，一旦突破就马上介入，这是挣钱最快最稳的一种方法！

当我们用"短中期均线多头排列"的方法，去找出向上的候选股票的时候，会发现一些排列清晰向上的，突破平台的个股，这就是短线牛股趋势的问题，我们要掌握的，正是这种上涨趋势辨识技巧。

不断训练自己判断的准确性，做到一针见血，抓住问题核心的关键，成为真正的赚钱的投资者。

大黑马启动的一刹那，是需要敏锐的眼光和技术准备的。

真正的短线大牛股，在突破加速的一刹那，会出现巨大的成交量，这天就是股票的启动点。

这个时候我们**必须当天就择机果断跟进，直接追随主力买入**，当股价成功达到涨停之后，继续在涨停价格加追单排队。这样次日该股冲高出货就有保障了！

如果当天不能以涨停的价格报收，则当天的抛压将快速增加，同时次日出货的难度增大。

长期花大精力研究牛股的交易者，可以发现一些黑马启动的兆头，但是能否果断介入呢？这就要看个人的魄力和执行力了。

投机体会的积累，是一个很重要的过程，但不一定是谁研究的时间越长就越赚钱，因为股票操作最讲究的就是个性化，符合自己的特点。

所谓在适当的时候介入适当的品种，这是非常考验投资者综合素质、交易能力的。

因此，**所有的成功交易者，在他跨入连续赢利这扇大门时，其实之前他已经经历和总结了太多的经验和教训，也正是因为他积累了如此多的好东西，且善于总结、思考，所以他成功了**；相对你而言，之所以到现在仍找不到成功之门，或在成功之门前徘徊，就是差那么一步，而这一步又如登天之难。

在一些股吧中，我看到不少的实例，举其一分析：某人求代操盘，自我介绍从 40 万元亏到剩下 1.6 万元，除了嗟叹股灾之残酷，剩下来的话就是，他技术高超，就差最后一步就彻底成功了，保证让你的资金快速增长云云。最后还贴了 2 只持仓股为例说明。好笑的是，2 只股又是亏损的。我仔细看了一下，其实他的选股、买点都是对的，次日早市的表现也很好，最高涨幅也都曾到过 5% 以上，问题是尾盘掉下来了，第 3 天又大幅低开低走大跌他却不止盈卖出。

绝大多数的交易者喜欢买强势股，这是对的。强势股之所以强势，就是因为看好这只股的人多，决定这只之后能否成"妖"，关键还要看介入资金的性质，这在几年前是个并不存在的问题。

顺便多说几句，随着交易群体能力的增强，交易技巧日新月异，很多市场常见的技术被高手们放弃了，因为被大量散户们学习、掌握了，反而被庄家们用来对付一知半解者。

技术是需要不断学习、不断更新的，你必须学会放弃，放弃那些明显不符合当前市场环境的操作手法，哪种手法应该放弃。除了自身的失败教训，每天跌幅榜个股也是很好的教材。

很多人喜欢找老师、学技术，总想从他们身上学到一些绝技，且不说老师们有没有绝技，愿不愿意告诉你，其实真正掌握交易绝技的群体，是那些游资高手，他们能从中小散户晋升为游资，这事实本身就充分说明了他们杰出的能力，正是因为有了超乎常人的杰出交易能力，才让他们脱颖而出赚到了大钱。对他们而言，绝技是必须保密自用的，真正说出来也就是几句话、一个选股模型而已。而听的人，如果自身不是什么都具备了，就缺这最后一招点拨的话，听了也未必有用。但对就缺高手最后点拨一下就进入成功之门的人而言，这几句话或选股一招，实在是千金难买，当然，也不乏一金都不愿付出，宁可自己去苦苦摸索的人。

我更感到好笑的是，网络上有这么些人，对学技术、指标、证券书籍、高手名人深恶痛绝，一听到就莫名反感破口大骂。殊不知，就是因为这种低劣的人性，让他们永远沉沦于失败者人群中。

买入就错的人并不多，但次日明显有获利出局机会却仍持股不动，从赢利到亏损，直至大亏割肉，那个 40 万亏到 1.6 万的人，钱还不就是这么一笔一笔亏出去的吗？这是大部分人亏钱的通病。

更可怕的是，这种人陷入幻想后很难自拔，就像爱收藏却买了一屋子假货的人那般可怜。他们很难自省到自己错在哪里，旁观者清，不心存幻想，有利就卖就行。他们心中总是在 YY 买到了只大牛股，冲高回落只是主力在洗盘而已。其实很多强势个股的行情，也就是"一日游"而已，介入资金也就是捞一把就走罢了，你却幻想为买到了大牛股，不亏死才怪。

很多人总以为自己离成功就差了最后一步了，但就是这最后的一步，他可能永远跨不过去。像上面的例子，他缺的就是见好就收的执行力，但除了意识不到之外，没有执行力他也改不过来。如果意识到自己的经常失误所在，并且改正了，怎么还会失败到现在？所以说，**人最难战胜的是自己，晋级高手的路上困难重重，最大的难关却在自己身上。**

⊃ 买入必须收于涨停

涨停板技术中最关键的就是：要么不买，买入就必须报收于涨停板。

买错可以有无数个理由：指数先扬后抑，尾盘跳水；个股早市放量上攻，下午却逐波走低；买错就说明你的看盘功力尚有欠缺。

具有完美技术形态的个股，是成立涨停板的基础，只有之前已经构筑完成了完美技术形态的个股，才能当天涨停次日再大涨，形态不好强拉涨停板者，往往会"一日游"，第二天立即平开低走，因此，涨停板技术中，选对股且买对是关键！

做第一个涨停板的，不必太在意题材，因为总是**先有了涨停板，市场才会去发掘出背后隐藏着的题材**，除非你之前胸有成竹，否则就应以**技术形态为分析立足点**。

当人们在股价两三个涨停后还津津乐道某题材，并判断它一定是龙头时，也许已经股价见顶了，什么时候再起来没人知道，短线炒客们早背后偷笑着数钱去了。

有大题材还必须辅之以完美的上升状态（我指的上升状态包括均线、成交量等），之前你不具备精深功力，还是别玩两三个涨停后的"空中加油"为好。

除了从 K 线形态选对股以外，什么样的分时走势涨停板后次日有上升连续性，也是门大学问，必须学精！

狙击涨停的理由：

很多人对追涨停的股票认为风险过大，往往不敢出击，其实追进涨停板的股票是很安全的一种做法！

有机会攻击涨停板的股票，一般都是该股主升浪中才会出现的情况，至少也是主力强悍，因此获利的概率就很大，那风险就更小了。如成功封住涨停，就算大盘跳水也对该股没有任何影响。

狙击涨停板必须注意的问题：切忌恋战！

我们做涨停个股本来就是超短线，也不用去花时间研究基本面，要做到快进快出！（狙击成功一般利润都在 5% 或更大。）

狙击涨停板的短线技术要求比较高，要加强学习和自己多体会！

追击涨停个股，十分有讲究，也十分有用！实战性很强！在没有绝对把握之前，先可以用小量资金去体验、总结、学习。

大行情都是始于涨停板，学好做好涨停板股，会让你的投资生涯走上金光大道。

祝你早日能成为一名出色的短线狙击手！

第十四节

谁是今天最值得买的"启动涨停板"？

目前市场中已经有了 2800 多只个股，以后还将更多，现在正常的交易日中，涨停板在四五十家，指数环境好的日子会过百，特好的日子甚至出现涨停潮，其中符合启动涨停板技术要求的至少也有 10 多个，怎么优中选优，买最值得买的那只呢？

⊃ 板块题材最热门

只有最热门的题材，才可能让市场资金合力而炒作，形态最完美、主力买入力度最大、最快封板的那一只，就是龙头领涨股。

作为龙头领涨股，基本面未必一定优秀，但"故事"必须最动听，这是该股成为该板块龙头的基本条件，业绩未必好，但不能亏损（基金买股时会受到限制）。

⊃ 号召力必须最强

一般而言，龙头领涨股应该是该板块的精神领袖。

作为龙头领涨股，必须要在板块中具有较强的影响力，龙头股一动，其他个股能纷纷响应。龙头个股在同板块中的影响力，不是一两天形成的，这跟这只股票历来的威望积累有关。譬如历届行情中，该股的活跃度和人气如何，媒体的评论如何，主力的看法如何，等等。龙头股的形成，不是自己标榜出来的，它在板块中的影响力是人们公认的。

历史上谁最喜欢炒这只股?

每个人总有自己的最爱，机构、"游资"一样有自己最喜欢炒的那几只股。每次这几只股做行情，往往是"老面孔"。如果你一直了解这些历史，你就知道，今天哪只股是什么性质的资金在炒作它，前景如何。如果是最"疯"的那个资金的"最爱"，那它这一次也一定会很"疯"。

历史股性如何?

历史股性，既有题材基因在内，亦有强悍主力每年总要做上一两波"吃饭行情"因素。每次该题材炒作，这只股一定是领涨龙头。

比如 000078 海王生物，2009 年 9 月 4 日始，至 11 月 4 日，股价从 8.64 元起涨，结束于 22.35 元，见图 2-44。

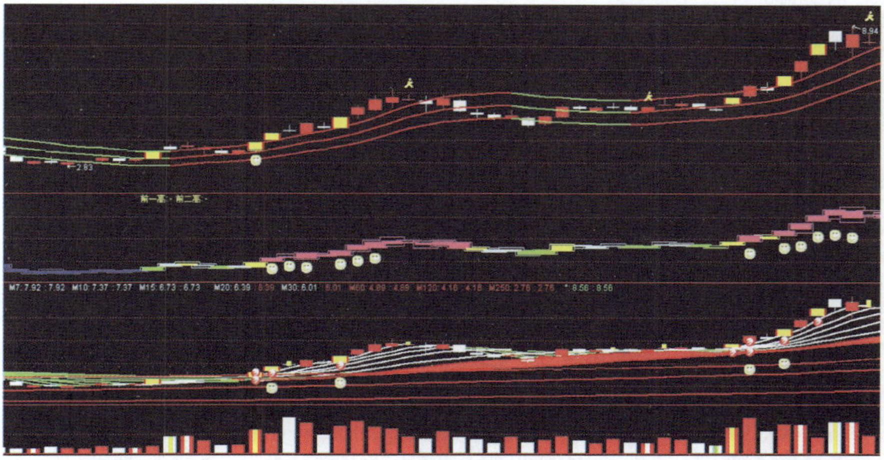

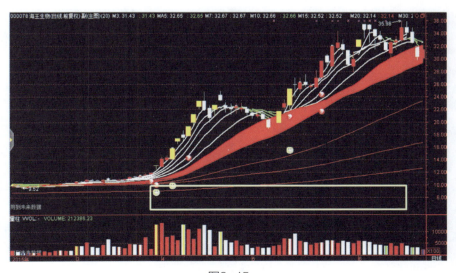

图2-44

2015 年 3 月 31 日再从 12.42 元起步，6 月 11 日最高见 35.98 元，见图 2-45。

图2-45

600209 罗顿发展，2007 年 1 月 23 日从 2.42 元起步，5 月 30 日摸高 11.91 元，见图 2-46。

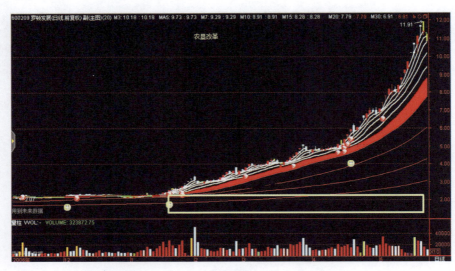

图2-46

2010年1月5日涨停启动，21个交易日上涨1.6倍，见图2-47。

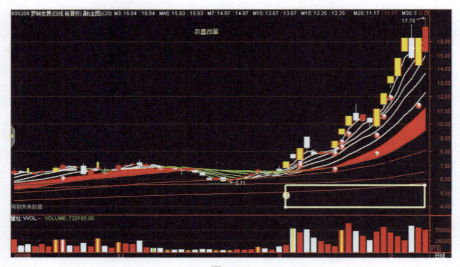

图2-47

　　知道了这些，当你看到某题材、某历史龙头股启动，尽快参与是非常对的事情。

第十五节

个股的涨停基因

一只股票，上市以来，基本无涨停，那么它涨停概率就很小，除非有特大利好将其股性激活。

涨停是一种习惯！特别是出现连续涨停的标的股，是短线最好标的股。这些标的股是短线投机交易者最优质的对象！

优秀的短线交易操盘手，所选的往往是市场中最彪悍的标的股。

有些股，或者是因为刚上市，流通股本小，公积金多，有高送转预期；或者因题材独特成为某板块龙头，在市场活跃时，动不动就会来个涨停。

这就是所谓的市场大众情人，它们有涨停基因，常做涨停板的高手，一看到这种股启动就爱追，且失误较少，总能赚到钱。这些股，未必业绩好，但好在赚钱效应高。

这就是为什么总是发现过去的龙头股，往往动不动就会涨停的原因……

而且，在主力低位吸筹、拔高建仓过程中，凶悍的庄家往往采用涨停手法，这种个股一旦进入主升，拉五六个板也正常。

对那些历史上经常出涨停板的股，我们如果注意到的话，对它的关注力度应特别大，千万别巨量封板后再去徒生悔意。

第十六节

涨停板的具体分类

大家都喜欢涨停股，这是毫无疑问的，因为大家都想赚大钱，而且是越快越好，因此捉涨停股也是大家非常热衷去做的一件事。一个人最骄傲的是买的股票收盘后涨停，没有比这个更加让人兴奋和激动的了。

市场上也充斥着各种各样的关于涨停板研究的方法，可谓是鱼龙混杂，在这里我谈一下涨停板的分类，帮助大家更好地去理解不同类别涨停股的本质意义，帮助自己在股市中有好的表现。

看似复杂神秘的涨停战法，其实是因为你不了解所以觉得神秘，正所谓科学就是一层窗户纸一捅就破，那么我就来捅破这层窗户纸。

很简单，大家思考一个问题：涨停板会在什么时候出现？

第一种涨停板，往往出现在大跌以后的低位，这时候尚处在主力吸筹中，之所以容易经常出现，是因为就有这么一种吸筹方式，叫做涨停板吸货法。利用散户们恐高的弱点，或者前期的反复震荡，散户们实在忍受不了坐电梯的痛苦，而在取得了蝇头小利之后出局，将股票让出来！

第二种涨停板，出现在主力快速拉升股价过程中，也就是"主升浪"行情。这时候出现的涨停板，就是主升浪行情启动的标志信号，这是所有涨停板中最有参与价值的类型，这是我们重点要讨论的。

第三种涨停板，就是主力出货中出现的涨停板，这种涨停板的辨识亦不难。

主力庄家或游资，在快速把股价拉升至获利100%以上后，利润目标已实现，考虑的就是全身而退的出货问题。高位出货必须要有人愿意接才行，在高位横盘阶段，量是逐渐缩减的，这过程是主力一边在出货，一边在维护股价不破位造成的，要不怎么实现全身而退的目标？对于这个高位横盘到最后怎么演绎，跟市场大环境亦有关。

如果是时间跨度很长的牛市，做第一波的主力顺利兑现利润出局了，因为市场环境、个股基本面、题材仍有大潜力可挖，自有新的庄家、主力机构来接盘，当双方换手充分后，股价用涨停方式向上突破，目标是再翻番，这是新主力的利润目标位。要实现这个目标，必须要有市场大环境配合，熊市就不行。

如果横盘阶段接盘的只是中小散户（从交易细节中，庄家操盘手会很清楚知道对手盘是谁），那么到没有人愿意再买货时，只能祭出最吸睛的操作手段——涨停突破。

这个涨停突破成败判断，有几个细节可分析，一、股价从最低区域上升至今是否已翻番？如果仅50%左右，那突破就有戏；二、当天或之后几天的市场环境，是否支持突破？三、高位横盘阶段换手是否超过150%或更多，除了对倒之外，有无充分出货换手？当然，所处的市场环境最关键，如果市场环境导致无人追涨，第三浪启动板都会直接失败。

高位突破板，最重要的判断依据是分时结构，如果早市第一小时就坚决封板且巨单，那就是真突破。

如果在涨幅7%～8%位置开盘，或10%位置开盘，高开低走，尾盘再封板，就是"上吊线"。这种K线出现在低位称之为"探水竿"，探明了支撑位，在高位则是"上吊线"，把当天参与交易的人都高高地吊在电线杆上。顺便推介一本书：《日本蜡烛图技术》，值得细读。

另一种很容易辨识的分时结构，就是涨停老是打开封不住，直到尾盘才勉强封住。

"烂板"在低位是主力庄家吸货有意为之，高位"烂板"也同样是主力庄家有意为之，只是因为出货需要而已。

成立高位突破板后，你如果已买进，次日的开盘很重要！低开、平开低走都不行，都说明昨天是假突破，尤其是昨天突破涨停价如果并未创出新高，又遇上今天的低开或平开低走更糟糕。这背后的原因是，昨天冲动追涨的资金，经过一晚上的思考，确认做错了，为了尽量让损失最小化，又看到集合竞价买盘不多，市场追涨意愿不强或很弱，往往会利用竞价最后几秒钟时间，一笔大单下砸，只为了顺利出局。

只有高开高走快速封板且不再打开的突破，才能恭喜你买对了，赚到大钱了。

看似神秘复杂的涨停板战法，其实就是这三种类型。当然，市场环境特好的交易日，也会有些凌乱无序的涨停板出现，但这种板的连续性一般都很差，不具备参与价值。

那么重点问题来了，什么涨停板才是我们的机会？

首先讲主力吸筹中的涨停板，如果在低位，在主力吸筹过程中出现了一个涨停板，我们是否应该去追呢？前面已经说过了这种方式主力只是为了吸筹而已，首先，绝大部分散户持仓者会在股票涨停后卖掉自己的股票，主力的目的就达到了。其次，如果这种方式散户的抛压还不够重，那么涨停板还会出现，继而将会出现几次下跌，来吓唬散户，一般人很难受得了这么来回折腾！

因为是吸筹涨停板，主力即便是当天用巨单封住涨停，第二天也不会拉升股价，让跟风散户高手获大利，平开低走是常态，如果你发现买错了要尽快出局。

拉升中、走主升浪的涨停板，事实上，这才是我们要关注的重点，因为主力洗盘动作完成后就要拉升。如果这个时候出现了涨停板，不仅说明了主力手中货很足，而且也暗示着这第一个涨停板绝对不是最后一个，因为空间还不是很大，一个涨停板显然不能让主力有足够的空间出掉自己手中的货。只要涨幅距离主力成本不超过30%（保守一点）出现了涨停板，我们都可以追进去，到时候只要涨停板一打开就要坚决介入。

当然在捕捉涨停板的同时大家也要注意，如果开盘的时候快速出现涨停板，或者出现了巨量买单，就是主力做多迹象很明显的标志，我们要坚决进入！

高位出货涨停板是坚决不能碰的，这个是大家最深恶痛绝的板，也是最危险的板。这种涨停板明显是为了吸引大家的眼球，帮助自己达到出货的目的，通常情况下高位涨停板会出现放量的迹象，这是主力出货的表现。如果在相对高位出现了量能很大的涨停板，我建议大家不要介入为妙，因为这种情况下主力出逃的概率很大！

综上所述，**最值得买的涨停板是主升启动板**，也是作者在本书的讲述重点。

还可以这样分类涨停：

1. 主力吸货涨停。

2. 吸引眼球的涨停，主力为了达到某种目的，拉升至涨停板。

3. 害人的涨停，多是庄股在使用这样的方法，涨停前后有跌停相伴，风险太大，也可以叫出货涨停。

4. 龙头的涨停，主力为了制造热点，拉动大盘，选择的个股。

5. 跟风涨停，主力在大盘机会的配合下，将股票拉至涨停位置，成本消耗不大，效果却非常好。

正确判断启动板后的上涨空间。

主力既然已经把涨停板表现出来，基本上可以认为这个股票达到强势的阶段，除去风险大的涨停外，都有获利的空间。

问题是，追第一个板，还是追后面的涨停板，需要对涨停的动机进行具体的分析。

市场龙头的涨停，对于盘感好的朋友比较易于把握，而且到底会有几个板，可能谁也不敢轻下断言，这时盘口的观察很重要，主要看主力是否已经开始变现。其他涨停的情况，要看主力的运作特点，股票的基本面，第一个涨停不会是无缘无故地出现的。在合适的时候，也就是调整之后还会有新的涨停出现，直到重要压力区域行情才会就此结束。

第十七节

涨停K线类别分析

K线中奥秘众多，一根K线中含开盘价、最高价、最低价、收盘价，这4个价位将市场买卖双方的实力显现，很有研判意义。

"一字板"。

"一字板"K线的产生往往有这么几个原因：

一、突发利好，或停牌复牌，个股基本面发生重大变化，或增发，或重组，或借壳上市，这种股往往复牌会"一字板"暴涨。这种板因封单巨大，往往根本买不到。

二、上涨加速。主升启动板后，第3板很可能出"一字板"，第2板放量后，该卖的筹码都被主力接走，"一字板"应运而生。

三、"一字板"就是新股上市。因为制度设计缺陷之故，新股因各种原因一字板连升。这种一字板何时是顶难测，放巨量换手是个见顶信号。

高开立即封板。

个股或因主力计划，或因突发利好，或上涨加速，大幅高开5%以上，立即巨量封板。这种板封死是好股，明天可能获大利，封不死高开低走是陷阱，高开是把双刃剑。

缺口理论一时盛行，我的交易实践中，跳空高开缺口并不能作为下决心买入依据。高开立即巨单封板当然好，是仅次于"一字板"的好板。

平开高走涨停板。

　　这是最多的涨停板表现形式，这种板的分时结构平稳，有给你分析、观察的时间，犯错的概率最小，这种类型的涨停板的参与价值最高。

　　长下影涨停板。

　　这种涨停板又分两类。一种是早盘有过真实的下跌，且跌幅较大，以后可能是随着指数环境上涨，亦可能是主力拉升导致封板。这种涨停板有个严重隐患，有些抄底能力强的短线高手，因为买入价低当天获利丰厚，次日会开盘就兑现利润出局。有这种想法的人多了，股价就会低开甚至幅度不小，有时候股性就是这么被搞坏的。

　　另一种在分时走势上并没有出现真实的下跌，只是瞬间一笔打低，这有可能是主力庄家送钱行为，这种下影有等于无。这种长下影，有时候只是为了影响均线，指标或为了做盘而已。这种下影无所谓，甚至还更好些。

　　最让人不齿的"T字板"。

　　T字板，开盘就是最高价，有长下影。这根K线出现在高位，买入后风险很大，妖股还好，一般上涨力度、主力实力有限的个股，很容易就行情结束于此K线，如果次日低开，持仓应尽早认赔出局。即便不是高位，看到这种涨停K线，也放弃介入为好。

　　涨停启动之"双塔"。

　　行情启动于涨停，是市场的共识，我们要善于识明那些真正赚钱，可能走出连续上升行情的涨停启动板股。

　　"涨停双塔"，就是一种成功率很高的启动板现象。

　　先贴两幅进入主升浪的"涨停双塔"，见图2-48。

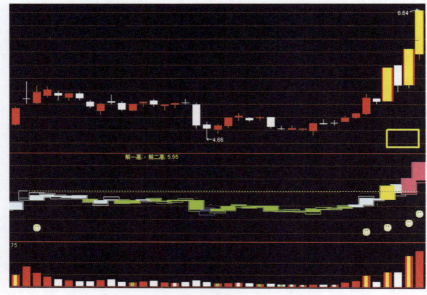

图2-48-1

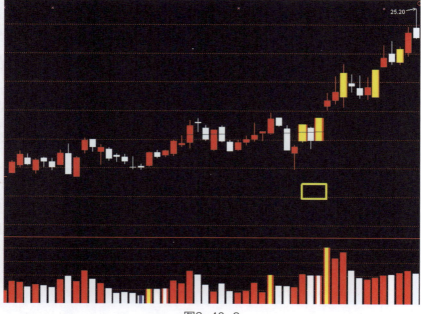

图2-48-2

再贴一幅抄底"涨停双塔"，见图2-49。

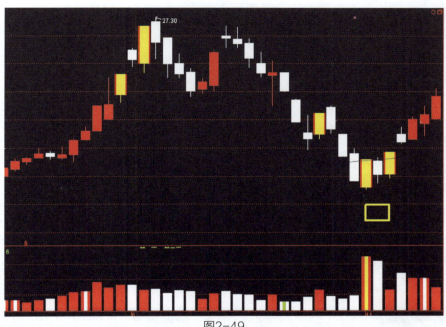

图2-49

成因探秘：

凡是能够成功走出"涨停双塔"图形的个股，一定有强庄运作其间，因为有左右股价的能力，所以才敢于在涨停板次日收跌甚至大跌洗盘。当然，这一般也有因指数环境因素下迫不得已而为之的原因，但敢于次日跌甚至大跌，来承受卖盘，第三天再封涨停，这现象本身就证明了主力的能力和实力。

凡是出现这种K线组合的个股，短中线获利的概率都很高。

➲ 大跌后重启升势——涨停启动

大家都知道，机会是跌出来的，但怎么才能找到真正的暴利机会，是非常考验交易者能力的。

中国股市牛短熊长，2015年始甚至开始有股灾为患，且不止一次，每一次给持仓的交易者的打击都是非常惨痛的。但是，对于高位出逃全身而退的交易者而言，大跌后的个股机会是非常宝贵的。

个股跌跌不休，股价从高位跌去了很多，20%、30%甚至更多，这都不是抄底买入的理由，因为趋势仍在向下运行，股价仍在下跌，如果过早介入正好买的是股灾主跌浪，后果实在是太可怕了。自以为是的"抄底"，很可能让你死在山腰上。

真正做对的抄底，应该是盘面发出明白无误的信号——强主力介入封板！只有这种明白无误的反弹信号出现后进场，才不会做错且有可能获得暴利。

个股真正见底的信号是涨停板，龙头股又一定是先于指数企稳，并率先封板，见图2-50。

图2-50-1

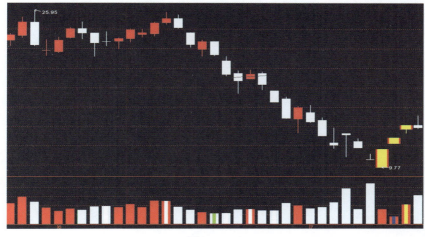

图2-50-2

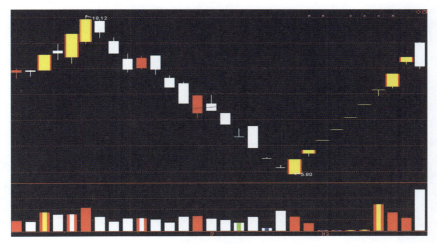

图2-50-3

　　以股为例，2015年新年伊始，上证指数两周就暴跌了18%之巨，而600610中毅达，在1月13日就封住涨停，之后又是3连板后停盘自查，上证指数在1月13日这一天，其实大跌了2.42%，1月15日这一天甚至暴跌了3.55%！在这么恶劣的市场环境下，中毅达能连封4板殊为不易，这是主力的态度，也是主力实力的体现。

判断一只个股是否见真底，是否能开始一波强反弹，依据就是看主力敢不敢用涨停板启动行情！如果涨停板出现的位置足够低，股价直泄40%～50%，那始于这个涨停板的反弹空间就非常可观了，回到前高附近的概率就很大。

为了详细说明这个过程，前面我曾用葛南维股价波动图作过买点说明，什么样的交易行为才是正确的。而这个看似简单的问题，却恰恰是所有失败的交易者都不知道的。

在那幅图上（图1-1），葛南维把股价波动各阶段分出了各个买入点位，在我看来，牛市买点1和买点2，才是最安全、最理想的买点，熊市只在买点1动手。

但是，尽管这是个非常理想的买点，但没有强主力主导行情，大部分的个股表现只能平平，这就是市场中大部分个股即便是在牛市也赚不到大钱的原因。

第十八节

怎么才能找到心仪的涨停股

除了大部分人采用的看A股涨幅、涨速方法，这里还要给大家介绍几种更便捷、快速发现好股的方法。

⊃ 电脑软件预警

因为长期的交易、学习，大部分的投资者掌握了很多种选股方法，正**因为掌握了太多种选股技巧，选股随意性就成了犯错之源。**

任何一种选股方法，有 50% 的成功率都不行，只有经过实践，认准一种 95% 成功率的方法，只用这个方法选股（当然，**要达到这么高的成功率，当天或次日上午的市场环境非常重要**）。

怎么才能从市场 2000 多只个股中，快速找到符合自己要求的个股，选股软件就能帮助到你。

只要出现了符合你要求的个股，软件预警就会即时提示。但提示的个股众多，究竟哪些才是最好的选择权还在于你自己。**只不过我要特别提醒的是，电脑预警选股有滞后性，尤其条件设置高的指标，股价涨停了都未必提示。**

➲ 自己设定自选板块

绝大部分的交易者有自选股。

这自选股板块个股的组成因人而异，这是每个人的喜好，或者说是偏爱，研究基本面的、研究上一波龙头股的、研究妖股的，准备寻找买点做成自选观察，这都不错，但与我们的选股理念不同——我们心中无股。

心中无股，就是不带先入之见，对所有的个股一视同仁。因为心中有股，往往容易犯些低级错误，比如用预测去决定交易：调整到位了、这波一定创新高、老庄还在一定会再做一波的，等等。

我们心中无股，对市场所有正在交易的个股一视同仁，我们相信，昨天涨幅已大，参与者获利丰厚的股今天再放量上攻，出问题的概率很大，我们规避这类股。

我们相信，今天的明星股，一定是新晋的，我们设定：今天最值得参与、最可能会涨停的个股，昨天的涨幅不能大于 3%。

如果昨天涨幅过大，获利盘太多，今天封板时压力就会很大，很容易失败。

因此，我们自设的**自选板块，是全部市场个股，删去昨天涨幅在 3%**

以上个股。

这样，我们关注的个股范围就小了很多，这种方法比看81、83涨速更先进。毕竟看涨速有很大的缺陷，你看到时已经太迟了，况且有很多个股昨天已经大涨过，没有值得关注的价值，白白浪费了宝贵的时间。

自选股选择的是符合自己选股要求的个股，但日线符合未必一定会封板，还需要观察分时走势，在最值得买的时间买入，这个过程你必须有硬件配合，要用多股同列翻看，现在液晶显示器很大，用24英寸屏看16股同列效果很不错，在翻看时可以用F5不停转换。

从K线图看的是，左侧上方是否有前高，是否有密集成交区，是否有中长期均线下压，如有，就是今天的强阻力位，主力如果实力不够，很可能上攻失败，留下长上影线，轻易买入就会被套。

看到这种没有上升空间，或走势、均线混乱的个股，就立即删除，留下值得看的加入自选继续关注。

当然，最理想的股我们应加以特别关注。将它们专门做个关注板块，同时用多股同列形式显示，仔细关注的就是分时主力行为，在最佳时间点出手。

最值得关注，今天很可能会有效封住涨停板的个股，有以下这些特征，也是我们这本书的精华，请大家特别注意：

将均线设定为3天、5天、10天、20天、30天、60天。

启动日3天、5天、10天均线刚开始多头排列，20天、30天、60天均线一直多头排列，120天、250天均线行情无论短、中线空间都会很可观。

今天的量比在3以上；

启动日之前为1～2根缩量十字星或小阴；

大形态最好是低位有涨停吸筹现象，之后又有平台缩量洗盘过程，在此期间所有的短中期均线开始形成多头排列。

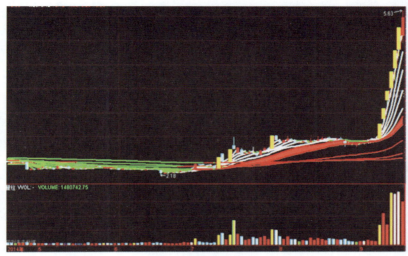

图2-51

启动日的涨停板，犹如航母平台上起飞的舰载机脱离甲板跃起那一刻（图2-51）。

买入了这种形态的涨停启动股，后市走的就是主升浪行情。

相比较两种方法，电脑软件预警更好一些。毕竟人工选股会有随意性，容易误判，有犯错的可能。

第十九节

买对的技术和能力的培养

买对是高深的技术，它决定着你交易的成败！

太多人的交易失败在买错上，有个说法讲"会买的是徒弟，会卖的是师傅"，我是不赞成的，买了就被套，怎么卖对？

做超短交易，首先必须买对！买对是基础，之后的一切都是建立在此基础上的，没有买对，一切皆无从谈起！

➲ 买对与指数环境的联动性

要做到买对，指数条件影响最大。

当天的指数环境重要性在于，如果当天指数环境先扬后抑尾盘跳水，大部分当天发动个股行情的主力会扛不住抛压。一旦封不住板，抛盘自然蜂拥而出，之前尽管指数不好，但封单巨大且不开板，持仓者仍然还有持仓的信心。一旦开板，原来的持仓多头，立即会转而成为空头，尤其是本来形态就不太好，只是主力强悍做的板，特别容易被闷杀，在股灾的日子里，追板买错的后果很严重。

这就引申出最重要的一个能力，对指数走向的研判。

指数走向的研判，是区别对待市场中大小盘股走势相对应的指数的走向。

4 个指数，上证指数、深证成指、中小板指数、创业板指数，如果走势一致，说明市场很好，最怕是二八现象。二八现象中的二，一般指大盘股、权重股；八，指的是中小盘股。

大盘股、权重股表现好，牺牲的是市场中大部分的股，遇到这种交易日，上证指数会不错甚至很好看，而创小板指数、个股惨不忍睹。这时候你如果相信了上证指数却买了中小盘股，后果很严重，尤其是开盘强势的中小盘股，随着大小指数"剪刀差"越来越大，全仓买一只股会巨亏得欲哭无泪。

反之，在上证指数表现一般，创小板指数却是表现很好的交易日，题材股会很活跃，是最好的交易环境。遇到指数环境不好的交易日，尤其是当昨天涨停股今天跌停现象出现时，比指数环境不好更可怕。

做强势股，做的就是上涨连续性，而涨停股连续上涨的概率，又远大于普通强势股。如果连它们都群体被闷杀，赶紧空仓、赶紧管住手不再买入是必需的。

➲ 买盘逐波推升的股最理想

之前选出从 K 线图上找到当天值得关注的个股后，究竟是否值得买、什么价格买，就必须从观察分时走势细节着眼了。

首先我们必须知道，参与交易主力群体决定成败。

流通盘在 5000 万或以下的小盘股，主导交易的群体如果是中小散户，每笔交易在 5 万股以下，亦能逐波上行封板。但如果是中大盘股，上攻由散户高手发动，因为资金实力不足以封板。在临门一脚上出问题，往往会带来大抛盘，这种失败的走势案例不胜枚举。

怎么样去关注分时走势细节，确保买对，关系重大，不可不花大力气去学习掌握。

相对而言，小盘股看价格线与均价线的上升关联性即可，比较简单。如果分时走势一直是"双龙齐飞"向上，在涨幅 7% 时，就要提防快速封板买不到的"风险"了。毕竟，关注了几小时最后却失之交臂，是件很沮丧的事情。

在预警找到自己理想个股后，怎么从分时走势中确保买对，下面介绍几种方法。只不过在分时主图的走势中，我添加了个性指标——主力买入大单，就是在分时均价线上方叠加鲜艳醒目的红黄色柱体。分时走势中如果没有主动性买入大单，就只有绿色均价线，有了连续大买单会出黄色柱，再加大则变成了上红下黄柱，更大时柱体会加大。

之所以要创设此指标参考，是因为观察主力买入力度，尤其是在多股同列状态下，达到易辨识效果。

➲ 平台逐级抬高型

这种走势最健康，主力不急不躁地推升股价，亦说明主力操盘手水平高超，见图 2-52。

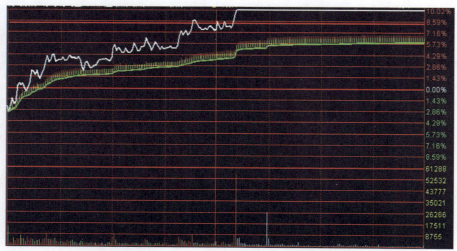

图2-52

⊃ 大平台横盘尾盘封板型

以图 2-53 为例，开盘后 3 个小时一直在均价线上方运行，一直依托均价线，最后半小时放量封板，这种走势的放量突破一般不会失败。

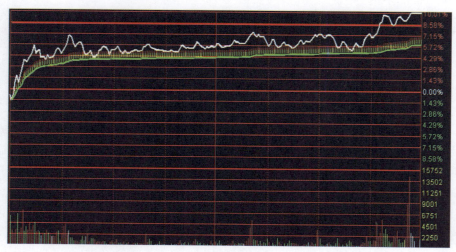

图2-53

⊃ 反复开板型

有些主力匆促建仓，时间上又来不及，往往会在盘中反复开板。反复开板行为，市场称为"烂板"。既然是"烂板"，一般人肯定下意识认为不好。其实，低位的"烂板"很不错，俗谚"烂板出牛股"，讲的就是这道理。

比如图 2-54 中这只股，上午反复开板，下午即停牌，因为有主力预知利好次日将发，今天能吸到更多的低价筹码都是运气，反复开板会吓出持仓意愿不强的人。

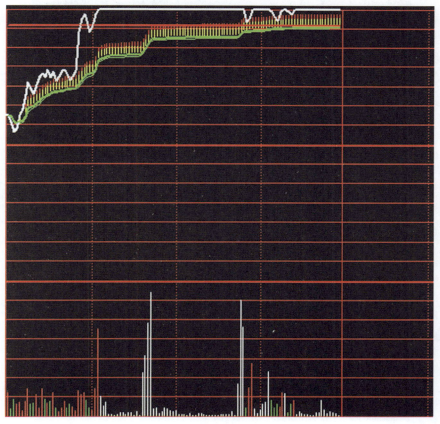

图2-54

图 2-55 是 600020 中原高速启动板日分时走势图，就因为有了这个启动"烂板"，才有了之后的翻番行情。

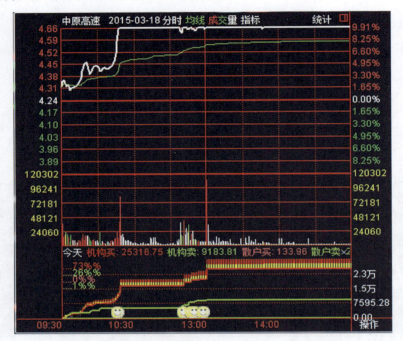

图2-55-1

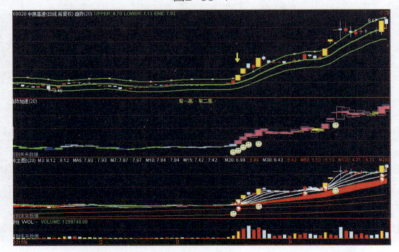

图2-55-2

分时逐波走好，最终成功封板的好股，有个共同点，即分时价线与均价线呈**"双龙齐飞"**状态。

能够走出分时"双龙齐飞"走势的个股，其量价配合一定完美。如果量能配合不理想，价格线上去了，均价线却跟不上去，结果是股价大幅上涨后，价格线与均价线乖离极大，最后导致价格仍然回归均价线，让高位买入者"站岗"。

第二十节

分时卖出的技巧

成功的涨停板，次日跳空高开是常态。对超短线高手而言，如果不能再封板，是及时兑现利润良机。

具体到卖出技巧，以下这几种方法非常有效，一般来讲，出现了这种走势，如果你今天犹豫心存幻想不出局，次日下跌的概率极大。

⤷ 大幅度高开封板无望——卖

指数平开或略高开甚至低开，而你昨天买的涨停股大幅度高开，有时甚至离涨停板很近，这时候，你就要警惕庄家主力或昨天介入游资有开高出货的可能。如果它只是"孤板"，昨天起涨时并没有板块联动，又没有大热门题材吸睛，这种高开动作就要警惕了，如果高开低走不创新高，或量价背离，都是保住利润的出局点。

如果仓中股票出现这种情况，应短线获利落袋为安。通常这类个股到全天走势结束时，K线形态上会出现很难看的高开光头大阴棒；即使留有下影线，次日也会低开低走。

➲ 昨天涨停，今天高开低走

因为 3 个交易日内连续涨停，今天先封住板，当积累了足够多的买单后，主力乘机出货。

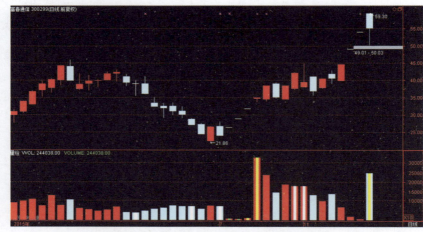

图2-56-1

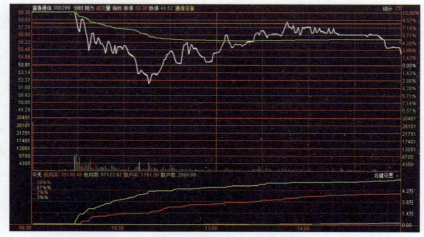

图2-56-2

获利盘众多，主力往往会采取高开低走方式出货，以图 2-56 为例，如果在心理价位以上开盘，又注意到集合竞价挂涨停价的大买单，在最后几秒钟被打掉，此时应立即打低价位，力争在相对高价位成交，或在回升到位时卖出。此时切忌心存幻想！

另一种情况是，高开5%～7%，低走回升不创新高或总是触下行的均价线回落，且量能依次递减，遇到这种情况，每次触均价线的高点都是出局良机，见图2-57。

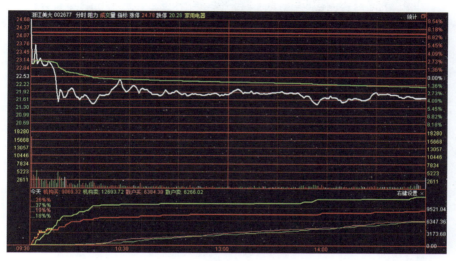

图2-57

⊃ 早市竖旗杆急升，卖出

或者是题材发掘，或者是媒体鼓吹，昨天大涨或涨停，今天高开高走，但就在涨停价前止步，此时股价远离均价线，是个比较理想的卖点，因为欲封板的主力会毫不犹豫巨量封死，而不是关前止步不前。

如遇到这种情形，要当机立断，马上清仓了结，来不及可在反弹有回抽动作但量价不配合，创新高无望及时卖出高点派发。否则将损失很大，因大量的获利盘汹涌抛售，股价会一落再落。

一般的个股，开盘后是上是下，会先看看大盘的脸色，然后再行其是。有的跟随大势上下，有的横盘以静观势态的发展。而有种个股走势，不理大势先抑后扬，或先扬后抑，独往独来，直向高点冲去，大有锐不可当之势。可是，当达到较为可观的高度，做出顶部后，向下滑落也不管大势走强与否。这种分时走势，不是庄家拉高出货，就是庄家大幅振荡洗筹，高点先落袋为安，见图2-58。

图2-58-1

图2-58-2

➲ 急升后缩量次高点，卖出

上攻有力度，回落再起升势创新高，后量超前量买入更坚决，封板可期。反之，量不如前气势削弱，此时就是个最佳卖点，虽然没有卖在最高点，但亦在附近，这个卖点确定性高，是**最理想的卖点**，见图2-59。

图2-59

➲ 急升后双重顶或三重顶，卖出

股价急升后在高位形成三重顶，成交量萎缩，是个不可忽略的卖点，见图2-60。

图2-60

⊃ 逐波上升后出现头肩顶，卖出

股价在高位形成头肩顶，雏形初出亦是个不错的卖点，见图 2-61。

图2-61

⊃ 涨幅 3% 以上跌穿均价线，卖出

股价与均价同步上升后，涨幅 3% 以上，股价在均价线上运行但是量能削弱，股价距离均价线仅 1% ~ 2%，此时如放量跌穿均价线，就是卖出信号。最好在初跌就卖，跌穿均价线后缩量回抽均价线时，亦是个不可错过的机会。

最后要强调的是，上面讲述的，只是普遍意义上的常规卖法，还有一种非常规卖法，那就是当天指数放量跳水、板块尽墨，手中持仓股所属板块领跌时，必须立即止损，尤其是中小创个股，下面接单小，极易扩大跌幅封停。

在 2015 年股灾严重千股跌停的日子里，任何的犹豫迟缓都会遭受重创，甚至是灭顶之灾。

事后看，3 个月的股灾，能小亏出局的人，一是超短线交易者，因为持仓均为昨天最好的股，当天开盘有个冲高出局机会，之后再不买入，警惕性远高于常人；二是执行力强的人，指数到高位后心存警觉，出局避险后不再交易逃过一劫。

⊃ 抓住竞价大幅低开后回升卖出机会

选股能力再强，也难免有失误的时候，这其中有指数、"黑天鹅"、板块暴跌连动受牵连等原因，而导致你的持仓股次日大幅低开。

前一天的封板股，不管分时走势怎么走，总是有主力在主导行情的，这主力还是要在次日或今后的行情中拉高获利，才能顺利出局的，毕竟散户高手大多是喜欢追涨的。

涨停股次日表现各异，开盘价对持仓者、有兴趣的"接盘侠"都很关键。

最好是高开，高开说明看好后市的交易者多，他们愿意出高价买入，

因为他们看好后市。大幅高开在5%或7%以上的个股，50%概率会有冲高触板动作，但仍有一半可能高开低走。

软件有个"竞价图"功能。它显示的是在9：15—9：25的开盘竞价过程中，不同交易者对当天走势的心理预期，及采取的交易行为。别轻视这短短15分钟的竞价时间，尽管它并不产生实际交易行为，但仔细研判很有必要！

下面我来详细介绍细节及看盘重点。因为针对的是板后，叙述从此展开。

一般来讲，板后竞价会高开，甚至在9：20之前直接大单顶在封板价上，但这是假单，可以撤消的，这是关键！

主力为了吸引跟风，造成抢筹假象，往往会在竞价初始挂巨单在封板价上，但在9：20时会撤单，如果你喜欢板后买，这假象会让你冲动，事实上上这种当的人还真不少。

最可恶的主力，是在9：20前成功撤去巨量买单，然后在最后半分钟一笔大卖单打下，目的就是尽可能多成交一些筹码。有的小主力、散

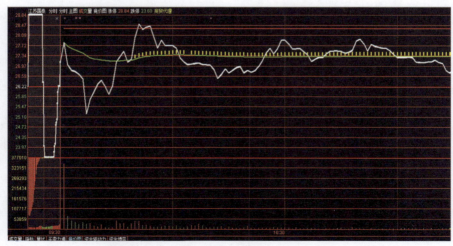

图2-62

户是真的看好后市，追高抢筹，可恶的庄家往往会在竞价最后时间一笔大单砸下，这种精彩的戏码天天在上演，但愿你不是"中奖"者。

那么，哪种竞价走势最好呢？应该是 U 形最好。

以图 2-62 为例，之前的交易日报收涨停板，长期停牌，今天复牌。竞价开始先大单封板，然后封单撤而大卖单出，股价被打到跌停价，且有百万之巨封单，9：23，更大的买单将股价逐价推升至与前一个交易日持平，买方占尽优势。看到这走势，更多观望者开始加入买方行列，9：24，在汹涌买盘推升下，股价终以 27.10 元开出，涨幅 3.45%。这种典型的 U 形竞价，应该是很理想的，如果上面没有巨大压单的话，开盘后股价一定有一个上冲过程。但究竟是否值得介入，关键还要看最后一秒钟定乾坤，这里介绍的只是竞价看盘技巧，事实上竞价是个坑，不到最后一秒钟，谁都不知道结果如何，而最后一秒钟下砸的股例，现在实在是太多太多不胜枚举。知道了这种状况的产生，以后你就不会再为竞价涨停动心而会更多一份冷静。

竞价低开、大幅低开，或因一笔大单砸到大幅低开，这种情况都不好。

一般来讲，造成低开的原因，一是昨天的涨停板行情由散户高手们主导，次日争先兑现利润；二是市场环境不好；三是主导行情的游资、机构故意为之。不管何种因素，总归是跟风买入盘不多的原因。出现这种情况，当天要想大涨的概率很小，只有极个别的强庄个股才会让股价低开高走，一般是前一天尾盘拉升幅度过大的个股居多，为了先清洗获利过丰者。

作为超短交易者，一般都不愿意参与调整，如果持仓股出现大幅低开现象，就尽可能逢高出局，利用股价低开后回升机会出局，是个很不错的选择。

第二十一节

"启动烂板"成因揭秘及经典个股案例

指数环境向好，主力发掘操作标的股，但成交低迷，根本吸不到货，时间紧迫，又不允许你慢慢建仓，只能采用拔高建仓的方法。

在K线图上，往往指数已经走了一大波升势了，这只个股仍成交低迷，躺在"地板"上，这时介入的主力，欲凭借自己的实力，做一波快速行情，往往会做个看似很烂的"启动板"吸筹建仓：换手很大、老是开板。

下面以图 2-63 为例。

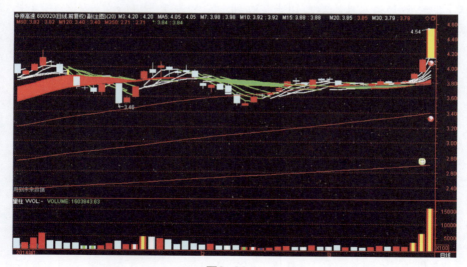

图2-63-1

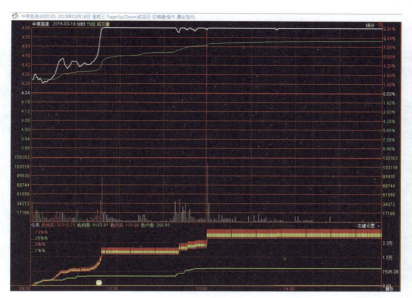

图2-63-2

　　2015年3月18日，该股之前已2个交易日放量收阳，均线形成多头排列，当天长时间封板后被打开，以后几次欲封还休，最终巨量封板，报收4.66元。当天换手率7.14%，之后20个交易日，最高到达8.44元，从均线刚形成多头排列的3月16日的3.92元起涨，翻倍有余。

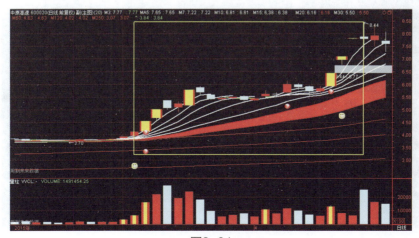

图2-64

图 2-65 是 600518 康美药业案例，启动板当天换手率 8.31%。

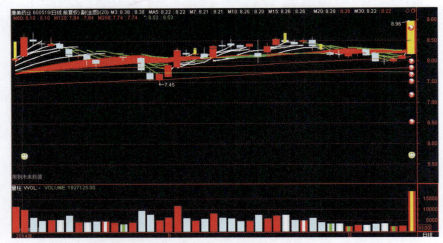

图2-65-1

图2-65-2

启动股价 8.14 元，78 个交易日到达 24.97 元，区间涨幅 2 倍，时间周期较长，应该与操盘庄有关，这应该是个长庄，适合长线交易者持有。

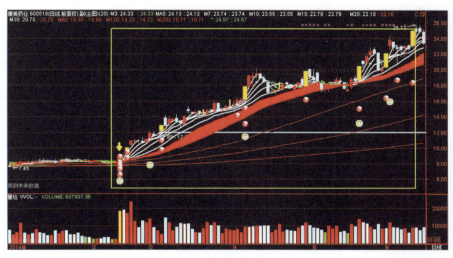

图2-66

第二十二节

"对错在分时"，分时走势的重要性

看对日 K 线当然重要，因为是基础，就像造房子，选块沙滩地建高楼肯定要倒，上面有高压线肯定造不高就必须停。

但是日 K 线形态相同的个股，同样放量，有的封板，有的却触板收长上影，次日低开低走，结果也完全不同。

造成这两种完全不同走势的原因，就在分时走势上，买股对错取决于你分时看盘能力！

看分时走势的能力，除了技术积累，更多更主要的还是盘感。

一只股票放量上升，最终能成功封板，还是冲高回落，从分时走势上能大致判断出来。

股市的陷阱，往往出现在 9：30—10：00 时间段居多。

个股或因为出利好，或因为形态好，跳空高开放量直升，此时最诱惑人。当然，真上攻必巨单封死，假上攻误跟风者就惨了。

图 2-67 中这只股当天出利好：10 送 15，也是开盘放量上涨，却套人不浅。

出这种让人恶心的走势，里面有个"个股基因"问题。

历史上曾经的大牛股，如罗顿发展、北方导航，公司业绩永不改观却每年一定会出一波大行情，这就是"牛股基因"，选股最好选有"牛股基因"的，一启动 2 ~ 3 个板是常事，而东阳光科身上的却是"熊股基因"、恶庄。

个股身上究竟是会有"牛股基因"还是"熊股基因"，看历史走势就能预知。明明是上市公司配合主力出利好，却偏偏被利用来做高抛工具，这就是恶庄所为！

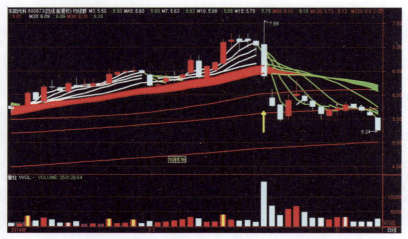

图2-67-1

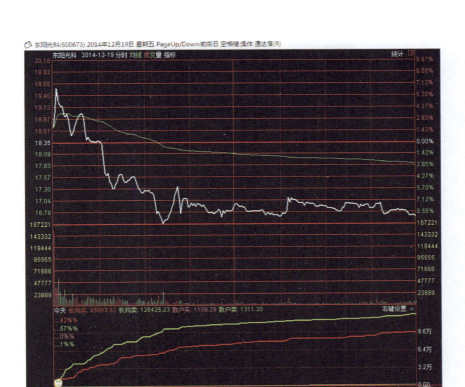

图2-67-2

　　东阳光科 8 月 28 日出利好，高开低走连杀 2 天，这就是个高抛低吸的恶庄。

　　庄股，一个让人又爱又恨的市场主力操纵体。

　　出特大利好"10 送 15"，价格也合适，形态也不错，好庄必板，恶庄必杀。

　　下面举些分时图股例说明高开是个坑，见图 2-68。

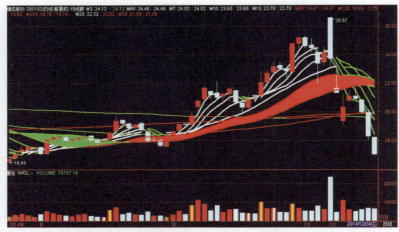

图2-68-1

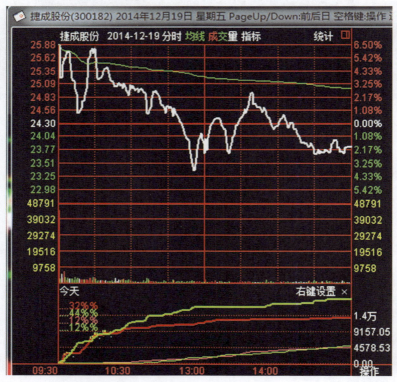

图2-68-2

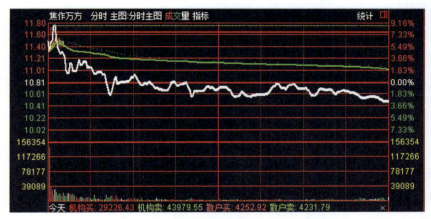

图2-68-3

很多人爱买跳空高开的股，我认为**成功率仅仅只有50%**，尤其是开盘就追不可取，至少也要观察一下，如果昨天或之前2～3个交易日已大涨的个股，高开5%以上的更应警惕是否有陷阱。

缺口理论曾经风靡一时，影响颇大，但早就成了聪明主力庄家的"大杀器"，不完美怎能吸引跟风？你一知半解，正好入了庄家的圈套。初突破固然是有缺口好，但还须分辨究竟是真突破还是假突破。

第二十三节

买卖参考：分时均价线

"分时均价线"，代表的是**市场当日交易双方的平均成本**。从某个角度讲，又是**真实买卖意愿的盘面反映**。

"分时均价线"说得严重些，就是**"走势生命线"**，交易成败都取决于此线，买对卖对，尤其在买对这件事上，此线能**起关键作用**！

先说买。

股价快速飙升至7%～8%时，均价线却还在1%～2%位置，出现这种走势的原因是，买入量太小，虽然价格线是快速上去了，但真实反映买入力度的均价线并没有跟上，这种走势在触摸涨停价时一定失败！

这种情况往往发生在早市的第一个小时，和尾盘的最后30分钟，其产生的原因，可能是中小散户高手们发现形态、题材都不错而买入，但实力并不足以支持股价上涨、封板，最后往往功亏一篑，关前失蹄。

另外一个原因与第一个原因有相关性，因为早市快速上涨只是中小散户高手们的合力，上升角度又太陡峭，有突袭成分在内，买入力度并不支持股价封板，恰好封板价附近又有重要的均线下压，最后导致了失败。

尾盘快速飙升股，要看启动位置，如果是在5%～7%涨幅启动，那放量上升的封板概率就大，因为走势健康。如果启动位置只是在1%～2%涨幅，量又不大，直线上涨，均价线仅仅只是小涨，这时股价与均价乖离太大，极易失败。

如果股价飙升时有巨额买量的支持，均价线就能同步跟上，这时候呈现的就是"双龙齐飞"，那封板是一定的，早市成功封板的股都有此特征。

如果前3个小时股价一直在涨幅8%～9%区间波动，均价线就在8%位置且呈微微向上状，那么封板的概率极大且次日必赚。

如果在交易过程中，股价几波上升后在高位整理，而此时均价线由上升转为走平后，开始呈微微向下状态的，后市股价跌破均价线概率极大，收盘必收长上影且次日续跌，因为高位整理时的资金是在对倒，真实交易是以卖出为主的。

分时均价线走势，无论对买卖都起着重要参考作用，悟透此线的运行奥秘，是你交易成功的关键。

第二十四节

追板的分时走势结构详解

只买确定性，确保自己追的板今天一定是有游资、机构在强力买入，且资金实力雄厚。这不能猜测臆想，必须眼见为实，以真实的交易为准！

除了技术形态、启动位置、指标共振等因素在选股时首先必须考虑外，确保不买错更是关键。

分时图上，上攻的第一波力度必须要强悍，以图2-69为例。

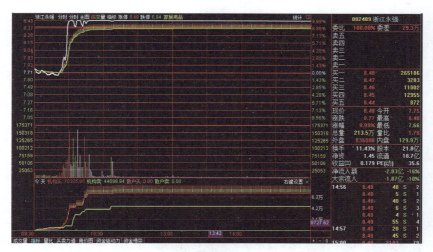

图2-69

除非你第一时间发现它放量启动，否则买在相对低位是不可能的，再说这种早市飙升的个股，除非主力实力雄厚，能承受当天所有的卖盘，否则失败的概率较大。因为上升速率太陡峭，看到后连给你观察一下K线图、思考、打单的时间都没有，这时候别冲动打单，先让股价封板，观察一下封单力度。因为该股的流通盘有18.7亿，第一波有40万手（4000万股），但封板后卖盘依然蜂拥，主力撤单开板，但回调没有破均价线，巨量买单再快速封板，但卖单依然很大，再撤单开板，第三次开板后，卖方力度减弱，仅为"锯齿口"了，卖单数量亦小了很多。

通过这15分钟仔细观察分时走势，辅之以"主力买卖指标"，我们可以注意到，尽管3次封板均开板，但买方力度一直在加大，代表买入力度的指标一直在上台阶、放大，很直观地告诉了我们真实的交易中，买方的意愿和力度，今天是完全可能完胜卖方成功封板的。

无法想象，如果没有指标助力，怎么可能让你直观地观察到主力行为？正因为有了直观的指标助力，当第3次封板再达到30万手时，我们知道，尽管之前的买卖双方搏杀激烈，但买方实力依然很强，足以完胜卖方。这是个很好的买点！10∶37之后开板更浅，是加仓机会，之后封板后就没有了上车机会，见图2-70。

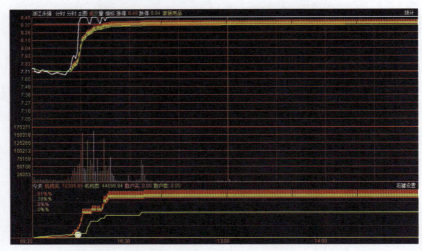

图2-70

"烂板出牛股。"首先要看当天股价的位置，高位反复开板是主力在出货；低位"烂板"，就是主力为了吸纳更多的低价筹码而故意"放水"行为，正确识别是成功操作的关键。

第二十五节

主升牛股启动板的"锯齿口"上车机会

走主升浪的个股，启动日的共同点是急升、巨单封板、买不到。遇到这种股，你也别沮丧，你也别放弃，也许盘中还会给你一次买入机会亦未可知。

图2-71是000720新能泰山2014年9月9日的K线图和分时走势图，当天启动板，之后是将近6个涨停板。

这是只从形态上就能辨识出难得的好股，启动日短中长期均线全部多头排列，之前经过了吸筹洗盘，今天巨量封板，分时图上是最强势的一波封板，分时价线与分时均价线"双龙齐飞"紧贴，几千万巨量封单。看到时你已错过，看到巨额封单更让你心冷，"不可能买到了"是唯一的想法。

这种主力吸筹已久，放量启动，巨量封板的股，有很多还是会开个"锯齿口"，还是能给你个买入机会的。

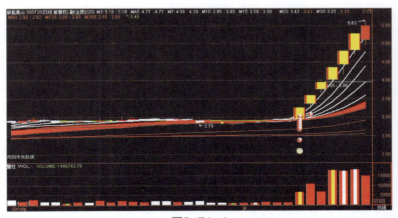

图2-71-1

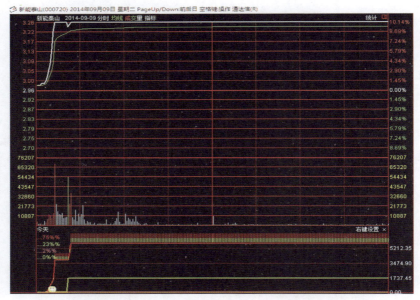

图2-71-2

图 2-71-2 这幅分时图就出现了"奇迹"。这种奇迹机会，是给有准备的人的。首先，你必须确认这是只值得你追的股，之后是加入自选股，如果你之前没有排队，那么开板机会必须看到且抓住。

这种确定值得买入的好股，最对的做法是直接挂单排队，不管是否能成交，得之是运，失之是命。

一旦及时看到开板，唯一要注意的是，之前这几千万股的封单上哪去了？如果是全部被成交了，说明有人在板上出货，买方是否顶得住之后更多的卖盘？

如果只是被成交了几十、百把万股，主力又是主动撤的单，开板后并没有汹涌的主动性卖单出现，这时就千万别犹豫，马上买入，机会瞬间即逝！

同样的股例还出现在 600528 中铁二局，图 2-72 是 2014 年 12 月 12 日的 K 线图和分时走势图。

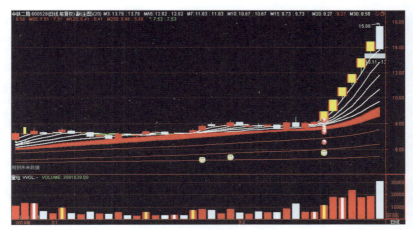

图2-72-1

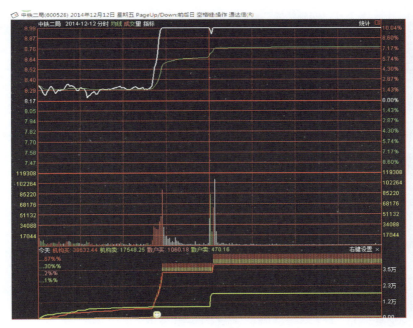

图2-72-2

　　K线图、分时细节上与新能泰山启动日完全相同,只是启动时间、开板时间不同而已。

第二十六节

走出打"半路板"的误区

有很多打板新手，刚学习涨停板技术，眼高手低，总想当天就先赚上个 4%～5%，明天赚更多，因此，当股价涨幅还只有 4%～5% 出放量异动时，就迫不及待地追入，将自己的行为称之为"打半路板"。

首先这定义就是错的。

封住涨停了，封住板了，我及时买进了，称之为：打板。封不住或只是蜻蜓点水了一下涨停价，那不能归类于打板。

所以说，创造"半路板"这个词汇的人，本身就是个打板"菜鸟"。

半路启动，一定有资金去攻击涨停吗？没发生的事谁也说不准。

打板了，至少是说明有多方敢于发动攻击了，这就是两者的本质区别。

另外，不是说只有现在打板，被砸开的时候很多，而是过去也一样，从来都是如此。

只有在板上，资金的分歧才最大。

避免烂板，保证次日大肉，那是依托你个人的量价选股模型和对盘口研判的功力了。

之所以打板，就是在追求短期暴利的理念下，最大化保证"确定性"。

现在大部分涨停板，尤其是龙头股、形态最完美的涨停股，从收盘后的龙虎榜信息看，都是游资、机构买出来的。涨停价上去买，是预测到了游资一定会有封板动作才动手，这样就把确定性提升到了最高。

股价只有 5%～6% 涨幅时就去买，"主观判断"的成分要比打板大得多，而且，此时这个"主观判断"，是追涨操作里难度最高的。

真正的打板操作，相当大的比例是排队买入。之所以排队买，这是吻合"追求最大确定性"和"最大程度跟随市场"的理念。

站住有利位置，观察大单的多少、排列和动向，观察抛单的数量、级别和密度，同时密切关注市场动向，特别是同一题材跟风个股的动向，以此来决定自己是否接货。

站位过于靠前，则成交时间早，对盘口的演化观察时间不足，把应有的主动性变为了祈祷，站位过于靠后，观望和撤单变得游刃，但成交往往成为奢望。

因此，那电光火石之中妙到颠毫般的站位能力，严重决定个人的打板能力。也许就是那0.1秒。若想精准秒杀敌人又不暴露自己，那么在瞄准的同时，去静待那突发的背景炮声，两声响的精准重叠则成了完美的必杀。

涨停价进，追求的是确定性，主要还是对题材的理解，和个股的攻击力度的正确判断。

虽说当天进的点位较高，但可以过滤掉很多无效的交易，很多股票冲不到涨停买入也差不多就是今天的最高点，和涨停板没封死的亏损也是差不多。

前者形态不佳，历来股性也不好，若没有特别的题材支持，肯定不该关注这种个股。后者是技术形态很好，分时也有涨停的意思，从技术面看，这个恰恰貌似可赌半路板的类型，但很不幸，前面的搭台游资做得很到位了，就是点火游资迟迟不来。

这种赌板失败，过后是很难总结出原因的，就是资金来不来的问题，犯了错误，下次可能再犯。为啥呢，因为没把"确定性"建立起来。

这种买入模式不叫打板，这只是在赌它可能会封板，赌板，确定性非常低的。

虽然赌对了，利润非常高，但是赌错了，同样损失很大，还不如宁肯牺牲掉一部分利润，而去追求确定性更强的追板模式。

你可以想想游资的水平那么高，都是板上拿货，为什么？因为半路去追，很少有人能保证胜率，和行情好坏关系不大。

任何一种好的模式，都要经历过各种行情的考验，追板却最后封不死被套或严重亏损，那是你的打板细节技术的不成熟之故。

哪种模式都有做得好的，正所谓条条大道通罗马，中小散户中也有很多人靠打板做大成为游资的。

打板模式之所以更受关注，在于它可以短线暴利的特性，但是暴利的对立面便是高风险。

所以做好打板模式首先是要做好防守，也就是哪些类型的板坚决不能打，这方面是需要钻研一番的，否则，亏起来比其他模式更快更狠。

超短打板族打板，做的是隔日交易，目标利润常态上就是次日高开和冲高的那一下（连板除外），所以更关注是否封死和封死的质量，而基本不会考虑以后的波段涨幅。

做强势股的口头禅是：跟随市场！

不仅表现在跟大盘，跟板块，跟题材这些大方向的"跟"，甚至要融入血液，跟盘口跟细节。

比如排队了，前面大单撤掉了，那么你也该撤掉。可刚一撤掉，人家大单又封了，对不起，我刚才的操作已经忘记了，我也立即再排队。游资再撤单，那么就再跟着撤……也就是说，你撤单的一瞬也是再下单准备的开始，你排队的一瞬，也是再撤单准备的开始……绝不轻易靠自己的主观下决定。这就是"跟"的极致，"跟"得彻底。只有这种级别"跟"的意识才和打板的精神相吻合。

在市场面前只做无知的"跟随"，让市场替我们决定一切。

第一，因为绝大多数人买不到的时候，才会导致次日更加疯抢，这就是好板大肉的原理。所以，成为多数人的一分子实属正常，买不到就是打板操作的一部分，接受之。买不到不仅是你我，排单靠后的大游资也一样买不到，没什么好可惜。吹个口哨忘记它，找下一个机会即可。

第二，投机就是在做概率游戏，肯定会有意外发生，肯定会有不可控的因素存在，那就坦然接受之。只要永远追求"确定性"的操作，那么概率学的原理一定发威，一定正向回报。

第三，积累经验。做久了后，有些股，无论它有什么题材，即使冲板，你看都不屑看它一眼。

打板、追板这种操作模式比较容易量化，上手快，整体的时间成本比研究价值投资的少很多，我个人认为初学者做涨停敢死队是蛮好的一个选择。

盘中做涨停股，你可以不在乎指数大周期牛熊，只关心今天市场环境的涨跌，你关注的永远是当天的热点、资金流入最多最强势的股！

当然，技术是刻苦训练出来的，你可以用模拟仿真，用时间成本来换取。

常看我博客的朋友亦往往会动心，常有朋友联系我说他想做涨停。我觉得这个现象也比较普遍，但凡新学股票的人，不管以前怎么操作的，只要坐在一个涨停敢死队附近，一阵子后，就会前来讨教下涨停的战法，大概是对大部分人来说，这种超短线的隔日操作，一路连板的快意，既神秘又暴利。

我的回答是，**赚钱效果是最好的，训练过程是残酷的，没有达到90％成功率时谨慎操作！**

第二十七节

尾盘一小时封涨停股的操作技巧

尾盘一小时买入是一种交易策略。

尾盘一小时买入的好处是，指数走向有了确定性。一般来讲，指数经过 3 个小时的运行，有看盘能力的交易者，大致上对最后一小时收盘好坏有些把握，这时候买入观察已久的个股，失败概率小，尤其对"追板族"而言。

追板最讲究确定性，尾盘指数无忧，个股欲封板，此时买入的成功率最高。

尾盘封涨停可分为两类，一种是最后半小时从 5% ~ 6% 涨幅处起涨封板。这类股的日线形态都不错，或因为指数原因，或主力实力，或操盘手的操作策略，此类股在 14：00 之前会有 5%～7% 的涨幅，但在市场中并不显眼。

随着指数走好，个股主力借机发力上攻，快速封板。观察重点是日线形态，分时买入气势、力度，如果气势足、买入力量大，封板可期。

为了观察得更仔细，还有必要通过看小时间周期的 K 线图，来确认行情的有效性。

具体做法是，同时多股同列 4 窗口：5 分钟、15 分钟、30 分钟、60 分钟 K 线图，看均线群的走向，如果各均线混乱无序，则根本不值得再关注。各均线群是否很接近，尤其是 60 分钟、120 分钟、250 分钟这三根长期均线，在几乎平行的状态下，随着 1 ~ 2 根巨量阳线的出现，迅速多头排列向上发散，且向上发散的角度平滑陡峭。

其中又以 5 分钟 K 线图的均线发散状态最重要！对超短而言，最后

一小时 5 分钟 K 线图上各均线向上快速发散，足可以支持到次日 10：00 之后，这一段时间已足够让你完成卖出动作且价格理想。

另一种尾盘封板股，是早市两小时中曾巨单封板后被打开，之后一直在 7% ~ 8% 涨幅均价线略下方处整理，量越走越小，最后半小时重新放量突破均价线，此时的封板效果，远比尾盘急袭者好。

尾盘从 1% ~ 2% 涨幅价格起涨的急升股，如果得不到巨大买单配合，往往均价线跟不上，而股价与均价线距离远的急升，次日低开概率相当大。而早市曾巨量封板但打开，尾盘再封板的股，首先是资金实力雄厚，其次是洗盘充分，这是最重要的。

实际操作中，次日收益最有保证的启动板，就是第二种尾盘封板股。

第二十八节

交易策略之上午买股须谨慎

上午市场好未必能保证好一整天，不买或不买错，就避开了不确定性，上午不买股票从概率上避开了 50% 的风险，尤其对选股上容易犯错的交易者而言，尤为重要。

上午不买或不买错，就有可能避开了上影线，你去数数每只个股的某一个时间段中，K 线图上有多少上影线，股票市场上有个观点，散户首先输给市场的就是吃上影线。

我认可这个观点。所以，在一个交易日中前 1 个小时，我的主要着眼点，就是及时止盈收获利润。在后两个小时时间段，此时的指数走向基本确定，上午横盘的强势股，开始有向上扫单封板的试盘动作，买入成功的概率大增，是适合买入的最佳时段。

在那些极端残酷的交易日，开盘伊始追板的人当天会损失20％，次日再低开5％，经历从涨停到跌停的痛苦，追强势股的人亦一样。

图2-73的例子很残酷，002500山西证券，2015年8月18日，只是冲高受阻，最后酿成了"血案"：早市冲高8.60％，收盘跌6.15％！

图2-73-1

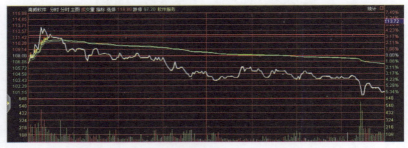

图2-73-2

上午买股须谨慎，但最强势的启动板股却往往在早市就封板。如何解决这矛盾？这其中牵涉到选股能力问题。

有杰出的选股能力，能识别主力陷阱，不会轻易上当，关注并买入特强势启动板股是对的。

上午买股，必须尽量选之前几个交易日没有过大涨幅的股，这样启动的股卖压会小很多，其次就是主力买入意愿、实力，分时图上早市第一小时敢用巨量买单封死涨停的股，如果你有预感这个股今天一定必封板，追击或开锯齿口时买入就是机会，这个买入行为与早市不买股原则并不矛盾，因为你的能力可以保证交易成功。

第二十九节

没人愿意卖的才是最好的股

很有些粉丝在我这里抱怨，追板老是"吃面"，其实这也是件很正常的事，没本事只能怨自己，正因为是自己能力不够，所以才经常上当买错，要纠正这种犯错，唯有在交易能力上下功夫。

本节要详细介绍的是，买入必封板的技巧。

买入必成功封板，必须注重细节、熟悉浪形结构，先贴分时高开1浪板分时图，见图2-74。

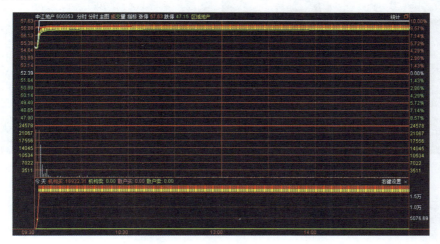

图2-74

贴分时 3 浪板分时图，见图 2-75。

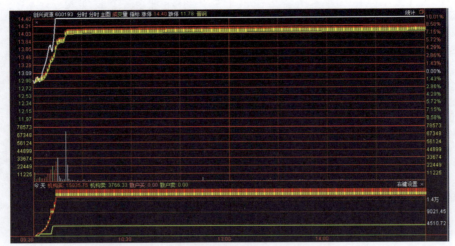

图2-75-1

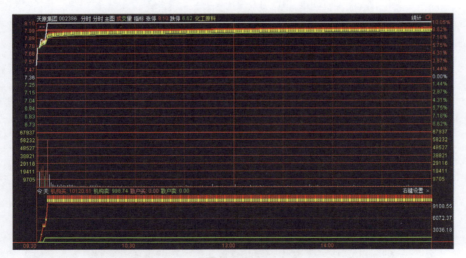

图2-75-2

再贴幅分时 5 浪板分时图，见图 2-76。

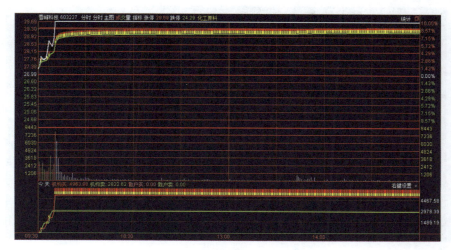

图2-76

再贴复杂分时结构浪型见图 2-77。

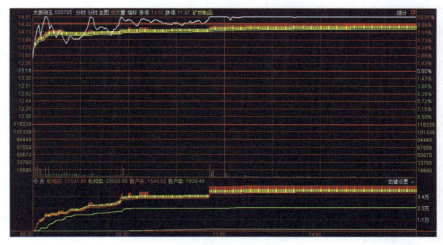

图2-77

出现这种分时结构浪型，说明买卖双方分歧很大，但最后还是因为浪形上多方更占优势些，参与者更多，最终封板。

图 2-78 中情况类似。

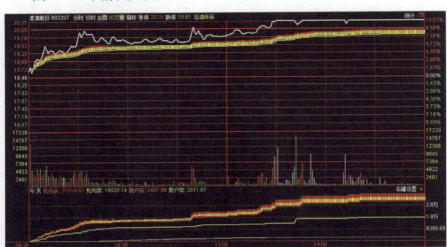

图2-78

上面讲的看分时走势的方法，其基础是放量突破。这是普遍意义上的牛股特征。但还有一种现象，中小盘股的分时走势中，会让你感到此个股持有者的惜售心理。

因为盘小、主力持筹多、市场都看好，有些个股在封板前有这么个现象，如果你盘感好，就会发现，主力不想直接封板，还想再吃点货，但就是没人卖。

这种股，分时表现为 9% 上方明明没有人卖却不去封即使最后封了板，数量亦不多，十几、几十万股而已，但就是这十几、几十万股封单，成交却只有 1 手、3 手。

这种就是市场严重惜售的好股，虽然没有那些放量上升股抢眼吸睛，但我认为这类型的股，才是最好、最值得追买的股。如果出现买入机会，绝对不要错过！它次日能赚取的利润，远胜放量股。

最后再特别要介绍一种特殊的"烂板"现象，亦是我认为次日获利概率最大的分时走势结构特征 —— 二次封板。

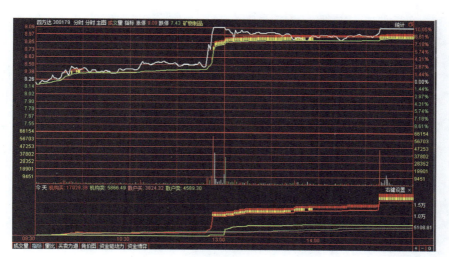

图2-79-1

图2-79-2

图 2-79 中两幅图早市都曾封板，过一段时间后被打开，但开板后一直运行在均价线上。随着卖盘的衰竭，尾盘再重新封上涨停。从分时指标上可以清晰看出，买入力量很强，一直在放大，这种分时走势，是盘中强大的买方消灭了所有的卖方，一面倒的局势。

这种走势，持仓者就此惜售更好。惜售明天还会卖，但都卖完了，买入的人更看好后市。换手充分的分时结构，说明主力是实实在在想买且买入了。

有些"烂板"，早市亦曾巨量封板，但遇上指数走坏或一笔大单下砸，开板后就此逐波下行，尾盘留下长上影，说明主力实力并不强。开始的巨额封单，只是在造成假象罢了，一旦遇上真正大卖盘，马上萎了、退缩了，当然也不排除是主力欺骗"追板"散户的骗局。出现这种情况，一般是股价短期涨幅已大，或虽整理但换手不充分的原因。

第三十节

打板不"吃面"——训练从"分时买入必板"开始

"关灯吃面""吃大面"，是股吧热门用词，尤其为追板族、短线交易者频繁使用。

为什么这个群体爱用这个名词呢？因为他们热衷追板，追一板、追二板、"有三必有五"、追天花板！

我亦追板，追板无可厚非，关键是不能失误或很少失误，失误比例不能超过30%，最好在10%以内。

如果说你已经立志在股市赚大钱，立志于"追板"事业，那请先把"买入必封板"这件事做到极致，先做到有90%的成功把握，剩下来的那10%，3个交易日内也有平手出局机会。当你进入此境界时，第一阶段，也是最重要的基础阶段已经完成了。

失败者如果连自己为什么会经常"关灯吃面""吃大面"的根本原因都找不到，那是根本不可能进入成功之门的。

"对错在分时"，这句话还是有些道理的，除非你在研究个股利好信息、技术上达到至境。据我所知，除了"头狼"，一般人都无法做好这件事。而且还有相当比例的人，反而在利好信息刺激个股高开高走直逼涨停却无功而返的过程中高位被套，苦不堪言。

要成功做好"买入必板"这件事，不可不花大力气在学习、掌握分时买入必板技术上。毕竟，收盘能封板，即使次日收阴，3个交易日内平手或获利出局也是大概率。

下面我分析一下买错"吃大面"的原因。

放量启动是最吸睛的，但是，"骑白马的未必都是唐僧"，很多陷阱就在其中。

欲规避"放量启动、触板回落""吃大面"窘境，首先是买入时间，其次是心态，心态上导致犯错的往往是贪婪，如"今天先赚上3%～5%"，"半路板"。

买入时间的失误，往往在开盘后前半个小时。"放量启动"这个词汇，是做短线买强势股交易者的共识，但主力也正是利用了这一点，或因出货需要，或因吸筹目的，而制造开市欲板陷阱，让盲目追高者尽入网中。

追涨，追的是明白无误的涨势；追板，追的是必板！追板，如果最后的结局却是"吃大面"，那还是休息算了。

从纯技术角度讲，如果开盘即涨却不能"双龙齐飞"（股价线与均价线一起上升），价格线与均价线乖离在5%以上，失败概率90%；如果指数环境不好，先扬后抑，必影响个股亦触板回落；如果是板后冲高，昨天介入的短线高手、"游资"们获利丰厚，开盘又有众多"接盘侠"，题材、技术上又不支持更高空间，自然会兑现利润出局。

有粉丝问我，为什么做"二板"总是失败？我哑然失笑。欲成功做二板，首先，你必须能准确判断出，指数环境是否支持产生很多连板股？这是不是一只在技术上将进入主升行情的股？或是有足够吸睛题材的龙头股？做盘主力机构、游资有没有实力做连板行情，这判断能力决定成败！如果不具备此能力，建议板后买股须谨慎三思。

追板失败最根本的原因在交易能力。

第三十一节

用涨停板次日高获利概率做超短

通过交易获利，是所有交易者的美好愿望。但事情往往与愿违，市场中大部分的交易者是亏损的。除了市场环境原因，失误的交易策略是重要因素。

中国很少有上市公司的成长性能与股价齐升，让长线投资者通过长期持有该公司的股票，让自己的资金账户年年创新高；而长线投资者在买入初期的获利，又往往会在持有过程中错过最佳获利出局机会，最终一场空，反落得亏损结局。

我比较了所有交易者交易策略后，还是推荐用超短复利的手段，更适合中国 A 股的股性。具体到战术，又以获利概率相对最高的"启动板"，即"第一板"为好。

抓住主升浪、大牛股、妖股，判断能否封住第二板，但这个需要交易者有杰出的交易能力，尤其是执行力，交易中只要有任何幻想成分存在，就会经常失误。

做第一板，不奢望次日都会连板、走主升浪成大牛股或妖股，但次日获利出局的概率极大，能每天获利 1% ~ 2%，复利积累下来，年利润非常惊人！

某股吧有两个名人，"赵老哥"从 2008 年始 8 年 1 万倍，将 20 万元做到 20 亿元；"令狐冲"在 2015 年 1 月 6 日至 2016 年 1 月 5 日的一个年度，把 50 万元做到 800 万元，而且其间还经历了 2 次股灾，都用的是超短、打板战术。

他们都是追打强势股，令狐冲有时候是半路扫板，而赵老哥基本都是板上买，都是买一板的比较多。大多数时间都在市场交易，只有在大盘极端恶劣的交易日休息。买入后第二天有利就跑，被套也跑，只有直封板的留下。令狐冲买板比较讲究个股题材热点，而赵老哥则更讲究 K 线和分时的气势。

买入被套不割肉，做 T，补仓一般很少能扳回亏损，还不如亏损后直接一刀砍下止损，再买入新的强势封板股。他们的心态极其顽强，令狐冲曾在单只个股亏损最大为 33%，但依然谈笑风生，第二天继续买股。他们都能坚持自己的模式，很少有模式外的操作，如低吸，波段都没有。复盘后，他们的交易盈利符合二八定律，即两成个股贡献了八成利润，八成个股只是小亏小赢，却铸就了暴利神话。

他们的交易战术有什么可以借鉴的呢？

就是严格执行选股策略，只选择当天市场中最强势的封板股！他们不考虑个股的基本面，只分析 K 线形态和分时走势的力度（主力行为），来决定是否值得参与。

具体的要点是：

交易者**要有敏锐的市场洞察力和充分的看盘时间，能够及时发现市场的短期热点所在**，事实上每天总有几只个股，不理会大盘走势而领涨封板，同时带动整个板块。

短线操作的对象，就是要选择这类被市场广泛关注却有大部分人还在犹豫中不敢介入的个股。**在挑选个股时，一定要参与走势最强的龙头股**，而不要出于资金安全的考虑去参与补涨或跟风的个股。

超短线操作，最重要的是要设定止损点，要牢记短线就是投机，投机一旦失败就要有勇气止损出局，这是铁的纪律。

做超级短线，原则上有 1% ~ 3% 的利润就出局，积少可以成多，选到了明天大概率获利的个股，就应该坚决地买入而毫不犹豫，现在能够选出好股的人很多，但最后自己并没有操作。我们在做决定的时候，更多的应该相信自己交易系统的获利概率。

当然，在进行成功的超短交易之前，你可能需要有很长的一段技术积累过程。这个过程的时间跨度因人而异，一般人至少需要几年、十几年才可以完成（新浪 T+1 比赛冠军"头狼"，在指数连续下跌 30 个交易日的市场环境下，抓住 22 个涨停，他也是做了 15 年短线才一朝顿悟的）。

判断是否已经进入超短高手境界，唯一的标准就是成功率！我认为，必须有 90% 成功率，才能保证每天获利 1% ~ 3% 的利润，才可以做超短，而且选股、资金管理、执行力诸因素必须完美无缺。

第三十二节

市场是最好的老师！

很多交易者为了提高自己的交易能力，四处拜师学艺，不惜花费巨额的学费，但结果却往往未必圆满。

更有些人喜欢发掘故纸堆，去找些历史文章重发，这种做法其实是在误人误己。市场大浪淘沙，前浪死在沙滩上，技术是会过时的，高手应该与时俱进，切忌墨守成规！

每天的牛股都是最好的老师，在给我们上课，提供最好最新的教材！

交易者学习技术的捷径，不应该是去指望某老师透点"箱底货"给你，**应该是向市场中每天最新的牛股学习**。牛股是能力最强的资金在做，但又不仅仅靠资金实力强就行的事情，更是需要技术能力主导的。

一只新牛股的成立，像教材般立即被其他聪明的操盘手学习、借鉴，甚至可能立即仿效、复制模式。市场在变，牛股模型也在变，一个游资能够成功做成一只几天内就涨幅50％以上的牛股，说明他采用的模型符合这一个时期的市场环境。

以600234山水文化为例：股价从23.8元快速下跌至10.61元，启动于1月29日11.67元的涨停板，9个交易日到达22.85元，接近100％的涨幅，见图2-80。

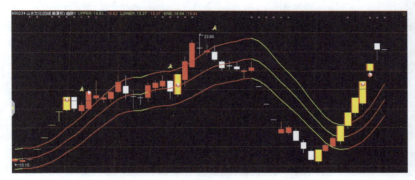

图2-80

之后出现的牛股002075沙钢股份，就是那些聪明的高手，学习了山水文化模式后的复制之作，见图2-81。

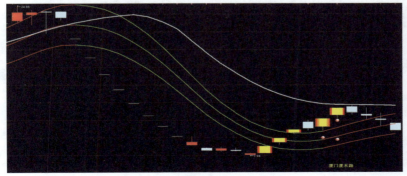

图2-81

　　某种牛股模型，只适合某个特定时期，交易者如果刻舟求剑则会犯错。比如山水文化这种模型，如果不是股灾怎么会有？它们的共性是，短时间内股价直泻腰斩，第一根涨停包跌停就是买点。由此又引申出另一种牛股模型。

　　图2-82是000626如意集团，之前从135元跳水跌至38元后，从2016年2月16日起，一波涨幅达到86%的反弹行情全景图。

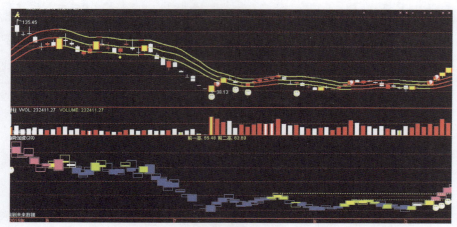

图2-82

　　再贴幅局部放大图图2-83，请注意2个黄色箭头位。

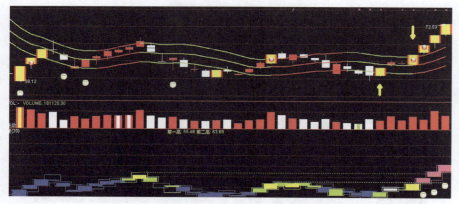

图2-83

第一个箭头，是涨停板反包长阴，第二个箭头，则是"金K线"出现后的第三波主升浪，再享受3连板。

再见识一下复制版牛股002741光华科技的炫目3连板，见图2-84。

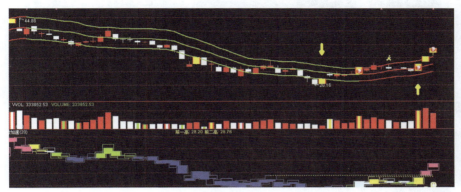

图2-84

你是不是有种看到双胞胎兄弟的感觉？没错，就是这种感觉！牢记各种牛股图谱，以后看到就会触动记忆，立即做出买入决策。

第三十三节

底部2涨停，反转大牛股启动标志

特定时间段，会涌现出特定的大牛股，成功的交易者，要善于总结，自己不会原创但可以学习。

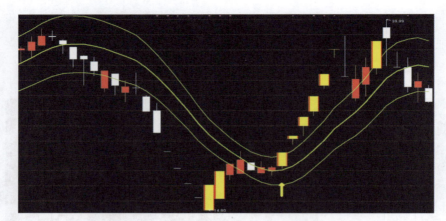

图2-85

图 2-85 中的"黄色箭头"所指的那个涨停板,从表面上看似乎没有抄到"底",但正是有了最低位的那 2 个涨停板,昭示了强庄介入,所以,之后当真正进入主升浪的那个涨停板出现时,就很好判断其主升性质了。

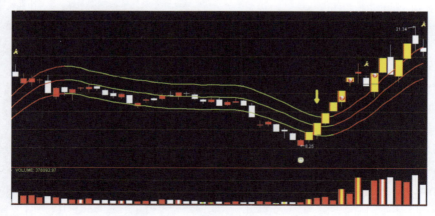

图2-86

当然,板后追,风险大于启动板,买入点最好是洗盘后的再封板,只有这样才可以确保不被套,见图 2-86。

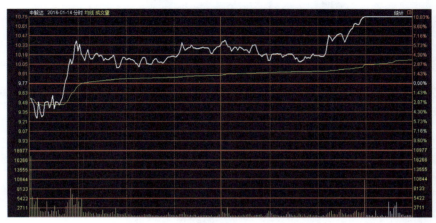

图2-87

这个模型（见图 2-87）关键看第二个板，主力意愿、实力强才有第二板，这就是内含的大牛股逻辑。

第三十四节

复盘，提高交易能力的捷径！

"世事如棋局局新"，这句话套用到股市亦非常适用。

为什么自己过去一直以来用得很顺手、很赚钱的方法会失效，就因为它们只适合一时，不可能适合一世。

牛市赚钱熊市亏，说明你只掌握了做上升趋势个股的方法，一旦遇到了熊市再简单地沿用这种方法，就往往会手足无措，甚至动辄亏损。

同理，熊市不亏还能赚些小钱的交易者，在牛市环境中一样赚不到大钱，因为他永远改变不了已经固定了的交易习惯。

最聪明的交易者，我认为是那些极其善于向市场学习的人。

书本知识会过时，哪怕它写得再好，亦只能适合某个时间段。但市场是在变化的，交易手段层出不穷，**某个小时间段会有某种正确的、最能得到市场认可、跟风的交易策略最好，而你又能及时发现、掌握这种交易策略，及时跟风那些炒作的题材、交易技巧，无疑你的资产会增值很快，因为股市的魅力就在于，你的聪明才智在这里可以换成财富。**

快速提高自己的交易能力，复盘无疑是捷径！

复盘的意义在于，盘后通过仔细观察当天市场中最牛的股的走势，去发现、去总结那些技术能力最好、资金实力最强的顶级游资，当天再介入那个板块、那些个股，并关注它们的技术特征。

这些游资的交易能力，现在已经得到了高手群体的认可，他们做的技术模型，会在次日或之后几天被模仿、被复制。

如果你通过复盘亦同步学到了当天的顶级游资的交易标的、技巧，次日你就能站到"风口"，去及时捕捉到被吹起的那几只"猪"！**聪明的资金就是互相在学习，借鉴别人的长处。**

复盘的意义，就在于能最清晰地把握市场脉搏。

具体的做法是，看到当天最好的股；昨天最好的股今天的表现；今天市场最牛股的技术特征；昨天牛股今天的卖点；连板股昨天的交易细节，久而久之，成为高手是必然的。

以股为例，10股送转20股的300466赛摩电气（图2-88），除权日涨停，5个交易日出了4个涨停，炒的是除权后的填权效应。

就是在大涨后，炒作的游资还是最顶级的，见图2-89。

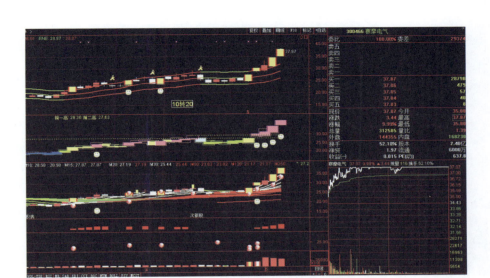

图2-88

【交易日期】2016-05-05 日换手率达20%
成交量:3126.00万股 成交金额:116040.00万元

买入金额排名前5名营业部		
营业部名称	买入金额(万元)	卖出金额(万元)
中国中投证券有限责任公司无锡清扬路证券营业部	3805.50	34.65
东兴证券股份有限公司莆田梅园东路证券营业部	3652.02	17.63
兴业证券股份有限公司西安朱雀大街证券营业部	2724.40	1.85
中信证券股份有限公司上海溧阳路证券营业部	2125.99	156.81
华泰证券股份有限公司上海武定路证券营业部	1673.52	355.23

图2-89

资金立马发掘出当天除权的 603998 方盛制药，6003718 海利生物，见图 2-90。

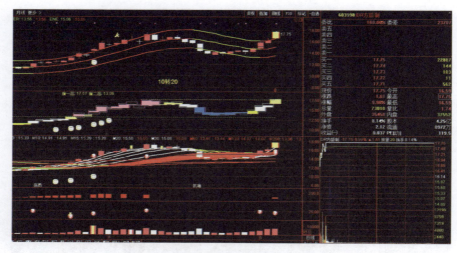

图2-90-1

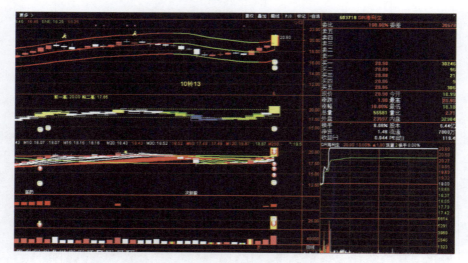

图2-90-2

炒填权股的前提是之前没有涨幅，有填权就有抢权，同样没有涨幅又是股权登记日的含权股又成了"香饽饽"。之后已除权的、有高送转题材的都获得资金青睐揭竿而起，收盘有17只封板，选其中看好的赏析，见图2-91。

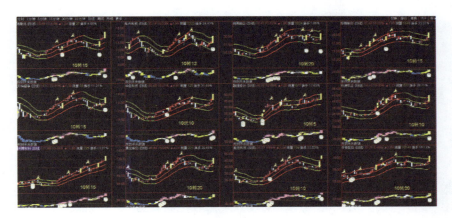

图2-91

如果你每天复盘，对赛摩电气的炒作有研究，那一定不会错过这个高送转题材"风口"。

要知道，在中国股市，高送转是永恒的题材，尤其2016年指数下跌，股价腰斩，有分配方案的上市公司10股送10股为底线，更不乏10股送20、30股者，这些股一旦指数向好，必成"明星"！

当然，要及时看到有高送转个股表现，你要先做好功课，先建立板块，后加注文字，比如"10送20"，以便一秒辨识。

同是高送转，10送5肯定不如10送10的，更别说10送20或更多的，形态好的、主力买入力度大的比散户高手们合力买入的，次日表现会更好。

第三十五节

交易中的选股、持仓、出局策略

选对股是成功交易的基础，赚亏皆取决于它，这是交易成败的关键，是所有交易者必须掌握的能力。大部分人失败于此，就像沙地上造高楼一定失败无疑。

选对股是个殊途同归的大命题，能赚钱就是硬道理，不必拘泥某种模式。因为我做启动板，只能从启动板角度进行分析。

选股：

反弹加速（判断依据：之前构筑整理平台已久，趋势向上，前两三个交易日为十字星或小阴，整理期间缩量今天放巨量，量比大于3，涨幅大于5%），分时走势中主动性大单主导盘面。这些现象都是股价启动的信号。

以图2-92为例。

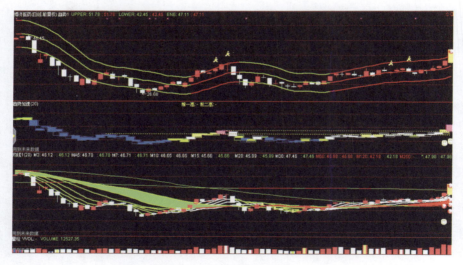

图2-92

股价上穿主图趋势上轨线，副图一"趋势加速"指标出现紫色加速信号和"笑脸"信号，副图二均线指标突破120天均线。

次日股价高开，见图2-93。

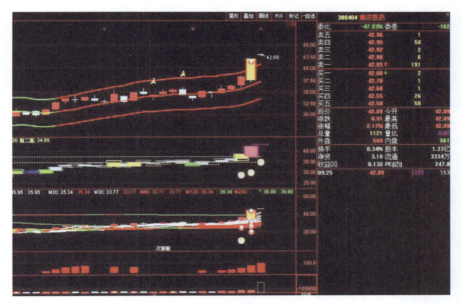

图2-93

因为无人承接，开盘后股价直落，后虽有反弹但乏力，收于最低价，资金呈净流出，见图 2-94。

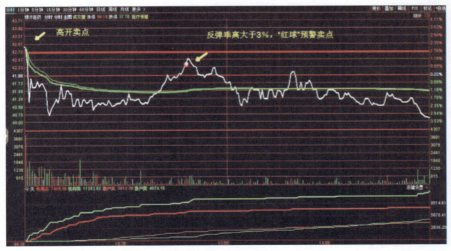

图2-94-1

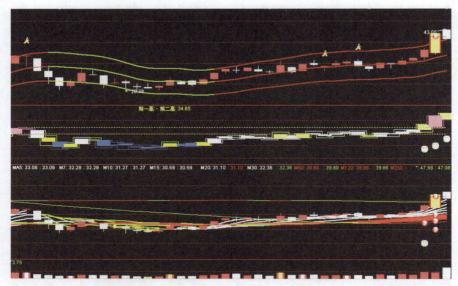

图2-94-2

涨停后次日不给你获利出局机会，是件很令人沮丧的事情。介入涨停股，次日高开高走当然称心如意，但也不排除当天收阴没有获利出局机会。

收阴日主力虽然能够出掉些低价筹码，但亦会买入些对倒筹码，而前一天板上买入的货，还会在第三天寻找获利出局机会的。

果然，第三天早市出现了一波上攻，但指标显示对倒成分居多。指标显示的卖点如果不抓住，当天后两个小时便遭遇大跌，见图2-95。

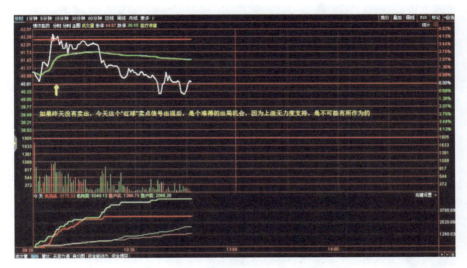

图2-95-1

图2-95-2

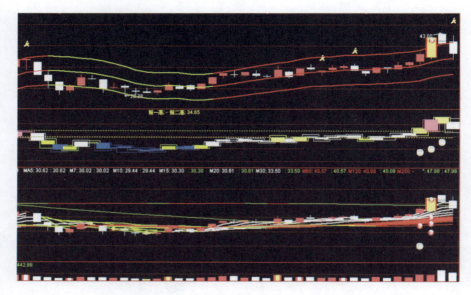

图2-95-3

　　股价走出这种走势，与市场环境亦很有关系，当天创业板指数暴跌5.6%。

　　结论：世事不如意者居多，能抓住机会的才是高手。

第 3 章

涨停启动

勤奋学习是你练为交战高手的唯一途径
另类的交易理念——投机
交易理念在交易中的重要性

做对的关键，是确定选股模型
正确理解短线、中线、长线概念
心中无股，才能看到热点，牛股

涨停股次日表现，是你最好的老师
交易学费的过程是难学、不可避免的
稳定复利才是暴利王道

掌握顶尖技术的必要性
必须选择最盈利的武器
"启动板"，抓住真正的获利机会

股价炒作全是庄
做启动涨停从学习一资、二资
技术的高胜率需要指标助力

经典主副组合——大线、成交量
经典技术指标是交易者的必修科目
庄家运作全程图及龙头股产生条件

启动涨停板，发动主升浪行情的先忠
经典指标的其他作用
副图经典指标的使用综述

怎么学习涨停技术
成功突破主升行情的方法判断
主升浪的两种经典模型

涨停板的具体分类
一个股的崛起基因
谁是今天最值得买的"启动涨停板"？

买对的技术和能力的培养
怎么才能找到心仪的"启动涨停板"？
涨停K线美妙分析

"对错在分时"，分时走势的重要性
"启动K板"，成因揭秘及经典个股案例
分时美妙的技巧

分时买入必看，分时买点详解
追板的分时走势买点参考
启动涨停板的分时走势精解

交易策略之上车买股最好的股
屯盘一小时涨停股的上车买股须谨慎
主升牛股启动板的操作技巧

是张学波次日要抓住的概率教招母
打板不"吃面"，山涨筹从"分时买入必上车"一开始
没人愿意卖的才是最好的股

第一节

启动板抓住的就是"突破"

突破一般都是用来**引导市场**的，突破后能真正走出主升浪的个股，之前主力一定做了长期的吸货准备。

成功的突破，应该是主力做主升浪行情，而不是散户技术派的合力，如果是散户合力，形态一定不是完美的，分时走势上极易失败。庄家、机构、游资，资金实力强悍，可以"神挡杀神，佛挡杀佛"，所有阻力尽灭、仅靠中小散户合力就做不到。

如果个股虽是有利好刺激，但盘口仅仅只是散户合力，那突破空间一定有限。

如果突破真是主力做主升浪，判断的依据就是第二天缩量板，第三天再出缩量板，这种情况出现，后市空间就大了，后市再放量涨停，也是游资们在做击鼓传花行情。

涨停突破，看上去很美，但还是需要关注几个方面的因素：

1. 突破前的调整方式：常见的调整都是基于形态的，常见的形态是箱体，三角形、楔形之类的出现较少，往往因为时间跨度大，只会在大底部结构中才有，出现必是大行情。

2. 突破时的突破力度：若遇阻明显，则多会稍作调整甚至回踩确认，遇阻与否，一般在日线形态上就会反映出来。

3. 突破后的上涨空间：突破某个价位后如果上面还面临重重压力位，这时多数难以大涨，反之，突破后若能打开上涨空间且上涨空间越大，突破后的上涨势头越强。

4. 突破和前高的关系：对于箱体突破，突破的价位宜为前期尖顶，顶部越尖、堆积的套牢盘越少，后续突破难度越小；除了顶部形态外，突破板涨停价和前期尖顶的相对幅度关系以及突破的前期尖顶数量也很关键，一般形成轻微突破（＜1%）时次日继续上涨概率很大、多点突破比单点突破更为可靠。

5. 突破前的短期涨幅：突破，本身是向上的信号，但是短期涨幅过大，很容易压缩潜在的上涨空间，因此这时需注意假突破，因为之前短期涨幅较大导致继续上涨动能减弱。

对于突破，不是简单的价格高于前期高点或某个关键价位，严格来说突破一般指价格轻微突破前期高点或关键价位（少数突破幅度过大的个股，多会通过短线调整确认突破有效）。

对于突破的误判，多是由于对突破的含义理解不准确造成的，另一方面是由于对突破前的调整误判造成的，很多突破都不是常规的箱体突破但是又形似箱体突破。

正确判断真假突破，是做启动板的关键！切记切记！

第二节

启动板技术同样适合中长线投资者

启动涨停板，泛指的是发生在日线上的涨停板，也许有些中长线投资者会感觉未必适合自己，其实，启动涨停板是个信号弹，它宣告了行情的发动。至于说行情究竟有多大，适应的是日线级别交易者，还是中长线交易者，那就牵涉到从哪个时间周期的 K 线图为研判对象了。

对以日为交易时间周期的交易者而言，观察标的物是日K线图，观察的是日线级别的指标向好提示，以及指标共振；如果是中长线交易者，看启动板发动日，更多的是从周K线图上去看参与价值。

因为，要中长线持仓的交易者，必须保证行情不至于1日熄火，必须保证行情有延续性，这就需要看日启动板是否也是周启动板。

大牛股的日、周、月线共振合力现象

下面我就用600518康美药业为例，从日启动、周K线、月K线角度进行分析。先贴幅全景图，见图3-1。

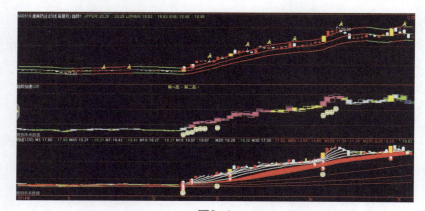

图3-1

然后是启动日，见图3-2。

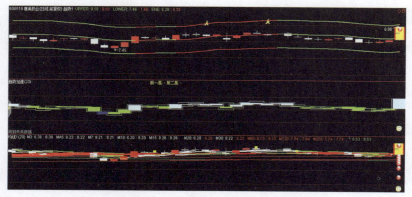

图3-2

再贴周线图，见图3-3。

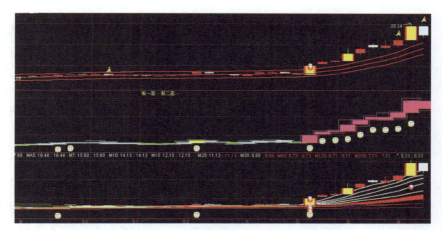

图3-3-1

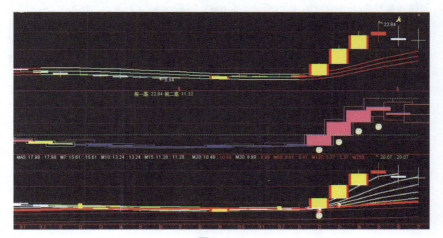

图3-3-2

如果你在启动板发动日，就同时观察到周、月线因素，看"长"做"短"，既可"短"又能"长"，抓住大牛股的概率将超过市场中大部分的交易者。

康美药业的主升行情持续了5个月，从8元启动最高到25.73元结束。

康美药业这波升幅2倍的行情，对中长线交易者而言，无疑是个很好的标的股，收益可观，源头就是一根启动"烂板"，见图3-4。

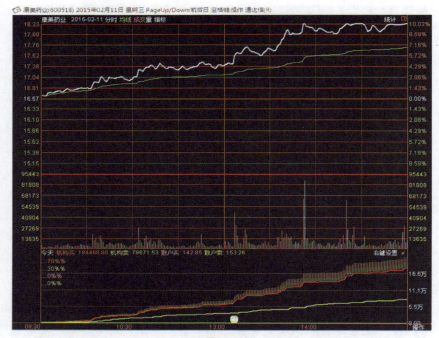

图3-4

这个交易日中，主力买入力度是逐级放大的，为什么呢？因为长期的横盘已经让持仓者失望至极，随着股价的上涨，卖盘放大，但被动性卖单（挂在成交价之上等待成交卖单）被主动性买单尽吞。这可以很直观地从"主力买卖大单"指标上清晰看出，尽管3次封板未果，但卖出筹码尽为主力笑纳，最后抛盘力竭，封板就不再打开。

观察这种分时走势，如果重点放在卖一、卖二至卖五，买一、买二至买五，每笔成交买一、卖一数量变化上，学到的看盘知识、经验，是机会难逢，非常宝贵、难得的，有一日堪比百日之效果。对好学者而言，像这种分时走势对训练盘感，是难得的好老师授课。

大牛股的日、周线共振合力现象，在大牛股002741光华科技上，同样表现得淋漓尽致，它发动于 2015 年 11 月 6 日，至 11 月 23 日结束的一波从 16.7 元至 45.8 元的大行情，就是日、周线共振的经典教材。

下面依次贴的是光华科技全景图、日、周线图，见图 3-5。

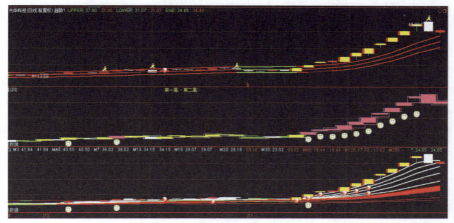

图3-5-1

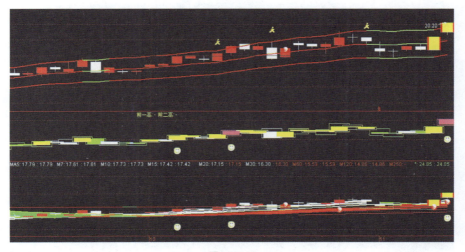

图3-5-2

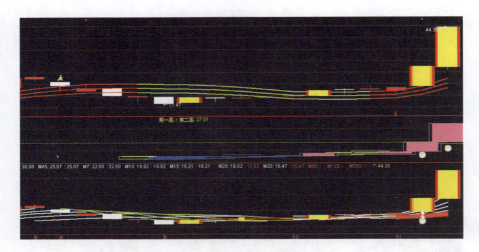

图3-5-3

➲ 牛股只有在周 K 线上才看得更透彻

再以 002741 光华科技为例,其实它启动日并未创出新高,很难在日线上判断这个涨停板的性质,是否会走出主升浪,见图3-6。

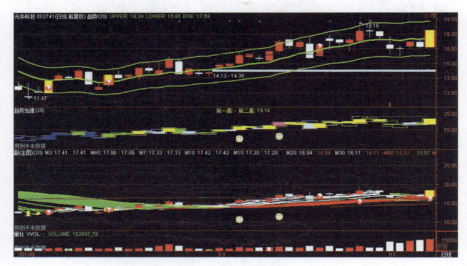

图3-6

但因为是周五，当天的日 K 就是周收盘，成立的就是周 K，而之前的三个交易周组合非常完美，因此尽管周 K 不是长阳，但四周组合顺势出了后面两周长阳，图 3-7。

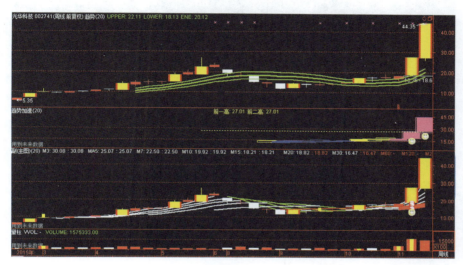

图3-7

抓个股主升浪，先了解主升浪形成的主因，最好就是主力吸筹完毕！

该股见顶后，15 周下跌、构筑底部，吸筹完毕进入主升浪。抓住大牛、吃到主升浪，最正确的判断是在周 K 线上作出的！

⊃ 易失败的第三浪

很多人喜欢做第三浪，看好自然有他的理由。对中长线交易者而言，尽管吃到了一波行情，何时退出还真是个难题。因为他自以为是中长线投资，天空才是它的尽头，让他获利出局很难决断。

牛股在周线上会形成各种顶部结构，最好辨识的是尖锐顶，次周开盘一般可以确认。只是当你确认成顶时，其实股价从最高点下跌已 30％矣，这也是中长线投资者无法避免的利润回吐现象。

双重顶，那就是追买者的噩梦，但中长期持有者却是有了一次确认顶部、利润最大化的出局机会，见图3-8。

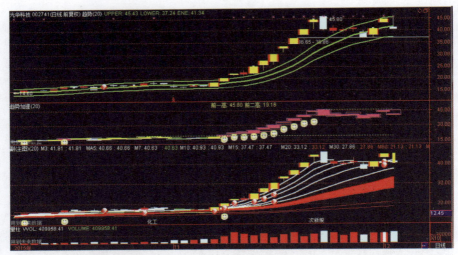

图3-8

⊃ 用周 K 线图找板块龙头

板块启动了，领涨龙头股除了通过谁先涨停、量最大、形态最好这些条件之外，周 K 线图的参考也很有用。

2015 年 12 月 1 日，四大指数破位暴跌，房地产板块担纲救市重任，领涨的是 000002 万科 A，当天上涨 5.68%，板块第一。12 月 2 日各指数继续暴跌，午后万科启动，当天各指标共振完美，第二天再收涨停，见图3-9。

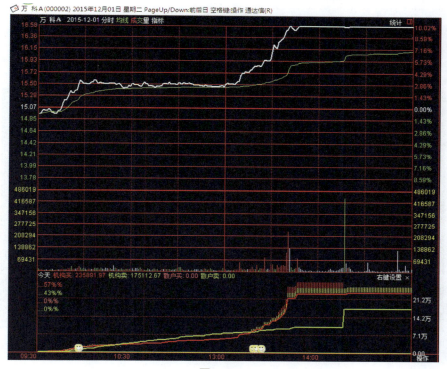

图3-9-1

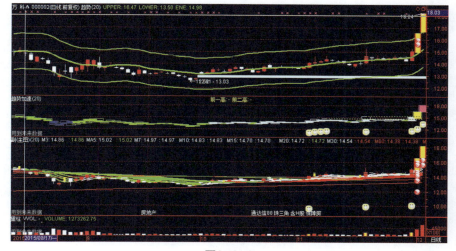

图3-9-2

因为有龙头股榜样在先，当天板块中涨停个股有十几个之多，带动了上证指数的回升，但第二天它表现最好。在周 K 线图上，它是创新高长阳，见图 3-10。

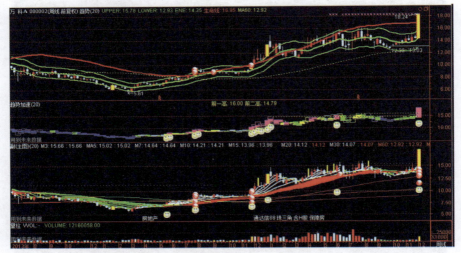

图3-10

第三节

"启动板战法"就是"龙头战法"

主升浪"启动板战法"，讲究的是买在主升浪启动日，在选股要求上非常严格，对其形态、成交量配合最注重，要求最完美，一定要是板块领涨股！

龙头股讲究的就是必须从涨停开始，我在书中介绍的"主升浪启动板战法"，只是更重视技术配合而已。

如果投资者有幸关注到启动涨停板，要敢于在开闸放水时买进，或者直接跟进追板排队。如果在第一个启动板日买进能连续涨停的龙头个股，要耐心持股。

追第一个封涨停的板块龙头，发现有一个买盘大单横扫卖一至卖三甚至卖五时，还不能贸然跟进买入，一定要有连续三个以上买盘大单横扫卖一至卖三甚至卖五时，方可跟进买入该股。跟进时间的把握也很重要，通常在回调均线附近买入为最佳，但有时主力资金操作非常凶猛，直接快速拉至涨停板。

早盘开盘不久就迅速涨停，这样的个股后期上涨潜力，远大于尾盘突然急速拉高的股，早市曾巨量封板后撤单开板，尾盘一小时再封板的亦属次优类型。

同是启动涨停板，下单的时候必须考虑的一些因素是：

1. 该股是不是有题材。

2. 是否是市场中的热点、焦点，这样才能带来资金的连续流入而不是主力单兵作战，容易形成市场合力！

3. 资金流量是否活跃，资金不活跃的股，即使形态再好，爆发力也要打折扣！

4. 日K线所处的位置，是不是主力已经完成了建仓、洗筹过程，今天进入主升加速阶段。这个阶段的短线爆发力才是最强的！

5. 分时走势的形态，必须是最强悍的浪形。"双龙齐飞"，1浪封板、3浪封板、5浪封板，这些浪形结构都是最强的。将要进入主升浪行情的启动日，盘面的表现，就是尽可能多地吸筹。

牛股的启动一定非常迅速，留给我们的时间不多，通常只有3到5分钟考虑，抓牛股是检验短线快枪手命中率和快速反应能力的最佳方式，往往一犹豫，机会尽逝只能够望洋兴叹！

在分时图中选择强势股，也是抓涨停股票的主要方法，盘面语言中必须掌握的秘诀是"双龙齐飞"。

这指的是分时图中的白色价格线和黄色均价线同时同方向上涨，且分时线在回调过程中轻易不穿过均价线，基本上是一碰到黄色均价线就快速拉起，再创新高。

如果是一只非常强势的股票，那么基本上两次回调后就马上涨停。"双龙齐飞"这种图形在实战中非常有用，一只股票能不能成为强势股、涨停股，基本上都要具备"双龙齐飞"的特征，即使这类股票不能涨停，次日也会有不错的表现。

那些当天涨停的股票，或者是短时间内快速上涨的股票，在它们发起总攻的那一瞬间，一定会出现异常放大的成交量。平时只有几十手的成交量水平，一旦股票开始快速上涨，成交量马上就变大几倍甚至几十倍，突然出来的大笔成交让我们都不约而同地认识到主力开始拉抬了。在分时走势图中留下了一根很长的成交量线，我们形象地叫它为"顶天量峰"。

当平静的成交量中突兀地出现一根大单量，是一个股价即将快速上涨的标志，是一种可靠信号。如果后续再出更大量线，这几根量线形成的组合体，我们称之为"量峰"。通常这个量峰越大股价上涨的力度和可能性越大，"顶天量峰"是我们判断一只股票是否强势，能否短期内成为黑马的关键，有的时候它甚至可以超过"双龙齐飞"的效果。

越不容易追上的涨停，就一定要努力追上！

有板块启动时，同一板块谁先涨停追谁！

股价封涨停前成交量巨大，封停后成交量萎缩，开板可追！

股价封住涨停后开板，如不是千万封单被砸，第二个锯齿缺口比第一个小，同步量减，是良性的"开闸放水"动作，立即跟进！

收盘前半小时猛然发动进攻

真正有意想做一把主升浪行情的庄家，往往在收盘前半小时才猛然发动。我们在此之前，必须仔细观察比较，选择出几只有可能"上榜"

的品种，其中在大盘急速回落时异常抗跌，在指数勾头时领先上攻的强势股，大抵就是最终的目标，此时手不可软！递进买单，我们就成功了一半。

追涨法的四个买点：

1. **最后一笔大单封涨停前挂单买入**。所谓量在价先，在主力巨量出现的一刹那就要立马出手，**眼疾手快者胜！**

2. **大单封死涨停后排队挂单买入**，同样的你挂单越早买入的机会就越大，任何时候都不要放弃希望。根据我长期的实战经验，股价启动的第一个涨停，往往**会有盘中开板**的情况。比如启动板后再五连板的新能泰山，启动日快速封板后，又出了个**锯齿口"黄金眼"**机会让你买入，见图3-11。

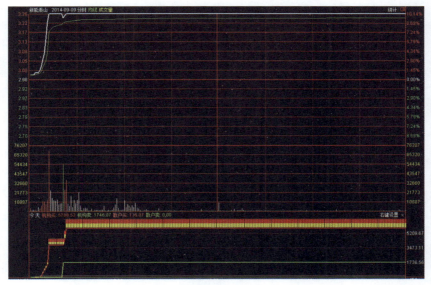

图3-11

启动板后六连板的中铁二局，当天亦开过"黄金眼"买入缺口，见图3-12。

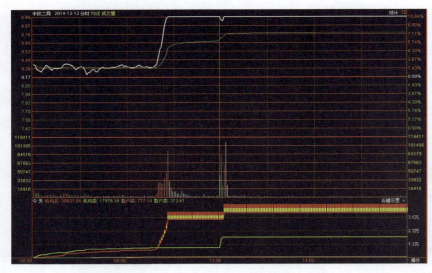

图3-12

3.发现涨停开板时挂单买入。

4.符合巨量高开标准的开盘时可以挂单买入。

当然，在进行以上四种买法时，一定要合理分配仓位，不能"一锤子买卖"，不能有赌的心理。

【涨停量能】

什么才是健康的量能走势，最终会封住涨停？

健康的量能结构就是股价拉升阶段放大量、下跌阶段缩量这种分时成交状态。会封板涨停的股，在盘感上与平庸交易股是完全不一样的。

第四节

正确区分"龙头股"与"龙头战法"

不知从什么时候起，网络上有了"龙头股"一词，其泛指某大题材的兴起，把领涨股称之为"龙头股"，更由此引申出了"龙头战法"。

某日某板块启动，领涨股称之为"龙头股"，跟风股称为龙二、龙三。

我们知道，板块中最先涨停的，一定是有庄运作，图形最完美的，它的领涨是市场认可、合力的结果，这就是龙头股。介入它是首选，后市赚钱概率远大于跟风股，缺陷是，除非手疾眼快，否则往往买不到。

在板块中寻找领涨股，称之买"龙头股"。这个名词在书中将反复提到，但这与"龙头战法"有区别，请别混淆。

其实，市场收盘后，总会找到每一只涨停股的上涨理由，这理由有时是那么的牵强附会，有的是子公司投资了某股权，甚至是孙公司，但正好跟上了时髦之风、流行题材。

当题材确认，"龙头股"涨幅已巨，当"三脚猫"们再追时，也许就是接了最后那一棒，为游资盛宴买单。

我把市场个股分为两类，牛股、熊股，这就够了。你也不要费心去追究是基金在做行情，还是游资在主导。

能大涨就是牛股、大牛股。像"死蛇"一样躺着不动，就是熊股，别看、别碰。

能借大题材应运而生暴涨，就是牛股，就在启动当天买它，享受牛股连板的快感，能不能在疯牛上吃尽一波行情，不奢求！但绝不因为所谓的题材去追已有了大涨幅的股。

事实是，那些冠上题材之华服的个股，基本面一定不怎么好，甚至很差，常亏损，但公司会讲故事，什么题材最热门，公司就去成立个子公司沾上一点边，也就是在投机盛行的内地股市有人"捧臭脚"。在中国香港，故事讲得再好却没有实打实的收益的公司，亦就是值几分钱的"仙股"而已，无人问津。

能大涨，是有人在炒作，能赚大钱，为什么不参与？我相信技术形态、相信主力意愿，我买在启动板，我享受股价暴涨的快感，但我不太迷信做所谓的"龙头战法"。

我买板块领涨股，因为它在板块中形态最完美、最先涨停，最有可能成为大牛股，仅此而已。

有人为了试图让世人相信，他经常抓"龙头股"且吃尽一波行情，创建了一套所谓的"龙头战法"理论，并想让人去按图索骥，我无语。

这是"神操作"啊，我辈凡人不奢望。

买到牛股启动，按技术提示持仓，一般人能做到，要次次"吃尽一波行情"，难！贪欲让人失败，智者不为！

我建议，买在启动涨停板，连板后只要3天均线不走平就不卖，3连板后（不是一字板，是换手板），就不去管盘中波动，只看收盘K线，决定去留，这么做，就有可能收益最大化，见图3-13。

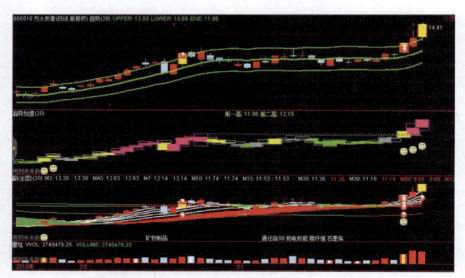

图3-13

第五节

盘中即时选涨停股的秘诀

选涨停股，首先要有正确的投机理念：**"借势"，借大盘之势、借庄家之势、借一切心理、技术、形态共鸣之势。**

因为**"势"不可挡，所以我们要顺势而为，借高速上升之势，赚最快的钱。短线出击非常态高速进行中的股票，就是短线的绝招。**

对真正的交易高手而言，涨停板股就是当天最强势，明天最有获利保障的个股机会，因此，越不容易追上的涨停股，就一定要努力追上；

高开缺口不补，10：00 前封涨停（包括 1 浪板、2 浪板、3 浪板）；

分时走势上"双龙齐飞"（价格线与均价线，以同样的上升速率上行），上午 10：30 前封涨停；

日线上是标准突破图形，前 3 个小时在 5% 的涨幅区域横盘，股价线一直在均价线上方 1% 处运行，均价线保持微上升状态，升有量跌无量，如果下午 2：00 以后封涨停可追；

涨停起于大平台突破，第一个涨停安全性极高，可追！

有题材板块启动时，同一板块谁最先涨停就追谁！

股价封涨停前成交量巨大，封住涨停后成交量萎缩，开板可追；

股价封涨停后第二次打开高于第一次，并不破均价线，无量，且大盘强势，拐头向上时跟进！

要坚持原则：只做最完美的图形，最完美的均线形态，最完美的技术指标配合，最完美的成交量图形。

我的战法是做主升浪启动板，看盘选股只看符合模型的股，只做上升通道的股票，只做涨停黑马。

把一件简单的事情重复做上千百万次了就是不简单！

为了确保买对，我认为启动板的"烂板"确定性更高：此"烂板"不同于高位的出货"烂板"，见图3-14。

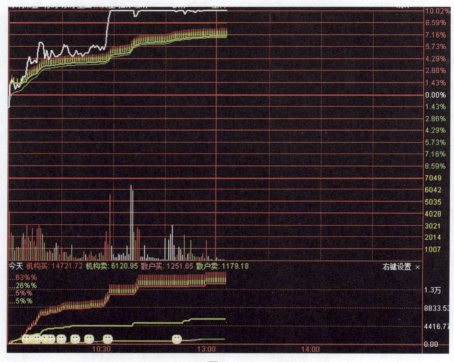

图3-14

600516方大炭素，2015年11月26日启动，当天指数见顶下跌，主力借机开板吸筹，见图3-15、图3-16。

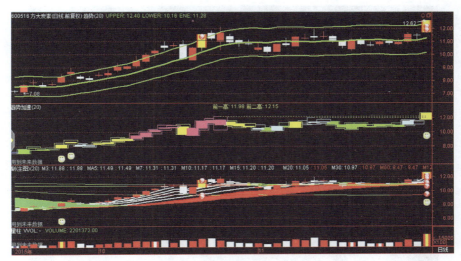

图3-15

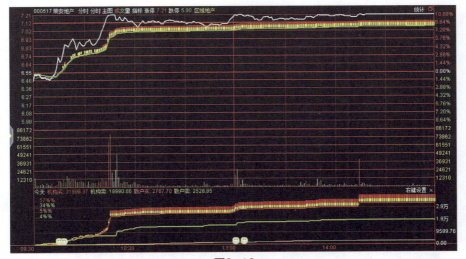

图3-16

第二天各大指数暴跌5%以上，见图3-17上证指数分时走势图。

尽管早市开盘受指数低开影响，它亦低开甚至有过杀跌动作，该股却最高上涨9.59%，收盘涨3.80%，见图3-18。

图3-17

之所以该股能逆市暴涨，一是有石墨烯题材，二是主力吸筹充分，资金实力强悍。

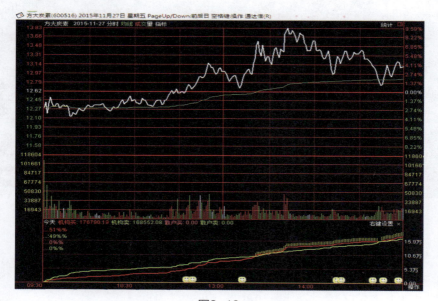

图3-18

第六节

涨停股的买入策略

冲高回落，并未如愿封板，大部分的人难以理解自己究竟错在哪里。

其中一个原因是，有很多交易者往往在股价涨幅还只有2%～3%或4%～5%放量启动时立即追入，结果往往冲高回落被套，尤其是早市开盘后的9：30—10：00这个时间段，最容易犯错。

人们可能想不通，这其实牵涉到一个技术更新的问题。

技术是需要不断更新的，是必须与时俱进的，抱残守缺、固执己见肯定不行。

适应市场的技术，买入必对的技术才称得上"好技术"！

某一种技术在历史上的某个时间段很准，一段时间后就不行了，出现这种情况的原因，就是主力开始了**反向做局**。

学最好的技术，不是让老师来教，而是去向市场大牛股学！

每天涨得最好的股、那些曾连板的大牛股们，都是最好的老师！

如果你悟性足够好，能经常在看盘中注意到**细节**、注意到**牛股共性**，**总结成系统规律**，久而久之你就能做到交易不失误或很少失误了。

高手与普通人的区别，就在于**悟性的高低**上。

买涨停股，**关键在结果，关键在最后能否封板！**不管你是在什么价格买，一定要**确保收盘收于涨停！**

关于追涨停能够"让小资金获暴利""追龙头有大肉吃"的说法，相信你看的也不少了。我只能告诉初学者，追涨停是把双刃剑，要做就必须做到90%以上的胜率，否则，一旦失误，早市追板失败，当天亏损、次日低开被迫止损，后果也很严重。尤其对初学追板者却"全仓赌"的交易者而言，几次"吃大面"会严重打击信心的。

欲成功地做涨停，除了必须要学会掌握全部的知识和技术之外，更要学会抓住当天最新晋的热点。

要知道，每一只股票的上涨，都有看好者买入的理由。从本质来说，涨停封板是当日参与资金情绪的极端宣泄，是对个股或者板块某一个利好的一种喜悦表达，就像在微信聊天时，我们说到一个很有趣搞笑的话题，如果规定一句话只能发十个字，那么发"哈哈"和发"哈哈哈哈哈哈哈哈哈哈"，所传达的感觉是完全不同的。

追涨停资金出发点就是，这个笑话本身，能在未来带来更多的"哈哈"。那么如何预判这个笑话是否能逗笑更多的人，能否传播得更广，甚至感染到笑点不高的人产生"认知的不协调性"，即你觉得这个笑话并不好笑，但是身边人都在笑，人们往往就会有一种不自觉的认为自己不合群的体验，而心智不够独立者，最终会逼自己也笑起来，哪怕他不觉得好笑，哪怕是假笑。但为了消除不合群的不安，他也加入了笑的行列，当然，这样的人很容易成为最后的接棒者，然后挨套。

那么，什么样的"股市笑话"能实现传播呢？做传媒的人一定知道，那就是话题要热，要抓心，要用各种办法吸引别人注意，至于话题本身真相如何，靠不靠谱，有时候不见得太重要，只要大众相信就行。在股市，能切合政策、题材大而新颖，能让大资金积极参与，就是最好的"股市笑话"。

此外，K线要流畅，好题材或者公告不一定热，但所谓的热点，一定是能在图形上打动人心的，还有什么比涨停，比十个"哈哈"更让人心痒难耐呢？

当年有"国母服装概念"的大杨创世，这么奇幻的题材，也能连板5个以上，就是相当好的案例。

连续涨停，在A股的本质是一种传媒扩散行为，但对交易者来说，除了小资金得以在一个相对信息对称的情况下（因为题材众所周知，而资金的运作也相对比庄股这类的明朗）迅速做大利润的好办法之外，**这个系统操作比较容易量化，上手快，整体的时间成本比研究价值投资的少很多。我认为，聪明善学、执行力强的交易者，认准涨停启动板这个交易模型训练、交易是很好的选择。**

第七节

详解高手追板心理

涨停战法，现在深入短线高手人心，即便是市场大幅下跌后，在相对好的交易日，依然可以看到五六十只个股封板的壮观场景，在沪指、创小板指数都一齐向好的交易日，100多只涨停板是很正常的。

为什么会出现这种现象？这说明有越来越多的人和资金，参与到这种短线获利确定性大的战法中来。

成功封板的个股，次日跳空高开高走的概率可以达到70％以上，当天介入的短线高手，可以在次日的上冲过程中顺利获利出局，每天重复这种简单的操作，你就可以累积小利成大利。

这种做法最大的好处是，**你不需要事先花大力气去做功课，研究个股基本面，主要精力花在盘中即可，选股模型固定，容易量化，有指标助力而易辨识主力行为。**

既然这种方法简单易复制，可能有些人很不解，他们的疑问是，次日究竟是谁在做"接盘侠"呢？

这就牵涉到另一种追板人的做法。

市场中有相当数量的人，他们知道，行情一定始于涨停板，当天敢于封涨停的股一定有主力、庄家、游资、机构在其中，但他们盘中既找不到，又不知道为什么、有什么题材。收盘后，有了充裕的时间研究，知道了内含的题材，最终做出了明天追买的决定。

正因为有了这些人的存在，才有涨停板敢死队日益壮大的土壤，这是我们的制度造成的中国特色风景。

这就是为什么涨停股中，次日有的会高开甚至直接封板，有的只会低开的原因。

高开，甚至直接封板，是盘后市场一致看好的资金合力。

当天买入涨停股，因为保证"确定性"，买在涨停价，当天是没有利润的，只有次日有人愿意高价买你的货，才有可能兑现利润，所以说，从盘中上百个涨停诱惑中，买到次日会高开高走的那只或那几只，非常考量你的选股能力！

追涨停，是指当股票冲击到涨停价，价位只剩下卖一的时候，在盘口资金预备封涨停的时候才介入的交易行为，也就是说，追涨停者当日交易的结果，是没有盈利的，最好的情况是微亏一些手续费，最差的就是股票涨停打开。

从理论上说，当日承受的最大风险是 -20%，因为股票可能从涨停跌到跌停，但这种情况十分罕见。出现这种情况的个股一定是高位，连板后。

正因为和一般的交易行为有极大的差别，且买入的位置又是股票当日的最高价，因此进行这样交易的人，被称之为涨停敢死队。

涨停敢死队的做法按照买的位置来说：分为一板、二板、连续一字板后开板封板等等；按照买入股票的类型来说，又有龙头股打板、人气龙头换手板等等。这些分类法其实互为作用，买入的位置往往和股票的类型、资金的有关。

我认为，除了启动第一板，都是被动的，都有被欺骗的可能，因为是"T+1"的制度限制，买入后当天冲高回落连后悔、止损的机会都没有。正因为如此，我认为参与启动板后的行情，风险大于机会，智者不为。

对于成熟的操盘手来说，敢死队里确实有不少人可以事先预判到当日或者隔日的龙头股走势，但是即便如此，在选择交易时，部分的操盘手还是会选择在涨停价位介入，因为预判是一回事，预判只有与事实标准接近相符时，得到双重确认，才能更有信心介入。

也并非没有低吸者，有些操盘手喜欢对预判好的龙头股先小仓低吸买入，然后在涨停价上大举加码，说到底也是以封涨停为优。总的来说，追涨做强是一个倒金字塔式的交易模式，越高越买多，因为是趋强的，这和传统所认为的越低越买是截然不同的。

股评人士总爱说"逢低布局"，其实是耍滑头，他永远不会错："为什么不听我的话，逢低布局多好。"你买错了，他责备的是你买得还不够低，所以套牢了。如果涨上去了，则又是另一番说辞："你看前几天如果你逢低布局了，现在就收获利润了。"真正的高手不信这一套，就从节省时间成本、买到市场最强势股角度讲，也是错的。

为什么要打板？打板的实质，是在市场里从每天最强的股票中进行选择，亦即强中选强，优中选优，由于把目光牢牢锁定于每天最强的个股，因此比较容易抓住黑马的忽然启动，也不容易错过行情和机会。

打板是力图通过高频更换股票，从而始终将资金布局于短线最强势的个股之上，达到提高命中概率并避开弱势股的目的。

超短，其实并不把短期的高收益作为第一追求，而是把长期复利作为第一追求。超短并不追求每天能暴利，也不追求资金曲线的快速上涨，而是追求稳定盈利，追求经过时间的培育能通过复利，实现每隔一段时间的本金翻倍。

打板且超短交易，本质上，是放弃短线的暴利，而力求每次小赚，控制回撤，积小胜为大胜。这是我以前所没能认识到的。也是许多做超短的人，起初并未认识到的。这一点，确实是我最大收获和心得，而市场中大多做超短的交易者，都恰恰把这个目的搞反了，他们做超短，是追求能每天大赚，结果事与愿违，反而容易最终导致交易亏损。

其实对大部分已经建立了自己交易系统的交易者而言，大问题可能还是出在经常性不尊重系统指示，而自作聪明的预判。

如果相信"赵老哥"的短线投资奇迹，也就意味着相信短线高频操作是能诞生奇迹的，而只有相信短线存在奇迹，你才能真心投入地去学习短线技法和心法。"如果一个人他根本不相信短线能创造奇迹，那么，他也就很难真的把短线的奥妙学进去。"这句话很有道理。

超短是隔日战法和龙头战法的结合体，做超短只是为了更多地掌握主动而已。

"始终将资金布局于短线最强势的个股之上"，短线滚动的终极目标就是，每笔交易都是获利的，且每笔交易都能利润落袋。

高手就在于把自己的优点发挥到极致，并且最大限度减少无效交易，要么不出手空仓，要么就是出手就赢，一剑封喉！成功超短的精髓，就是寻找牛股的确定性，稳定复利！

第八节

新手学追涨停，要怎么破局？

首先，你必须学习到足够多的技术储备，然后看足够多的涨停案例。
这些案例，既要有成功连板的，亦要有失败的，尤其是失败的案例尤为重要，"失败是成功之母"。

这个知识储备的深厚程度，决定了你进入实际操作后，是一炮打响

后一路顺风，还是做一只失败一只，之后信心俱失。

以后就是仿真模拟交易阶段。

到进入这个阶段时，你至少在思维上做好了准备，这个阶段是考验你之前积累的知识，能否顺利转化为实际操作能力的关键一步。

比如我上面介绍的那些知识、指标，学习过与成功转化为交易能力是两码事。

学习过，只是知道、了解，转化为交易能力，是理论联系实际，在交易过程中转化为交易执行力。

进入仿真交易，你必须要做到95％的成功率，才能确认成功，50％、70％绝对不行，因为仿真交易没有真实赚亏、没有心理压力，所以赚得更多而亏得要少。

在固定交易模式下，交易时是不能有任何的个人情绪和思维，就算你手抖买错却赚钱了，还是要挨骂的，而**买对亏钱，却不会被责备**。

还有就是，如果你要做涨停，就要做好适应一种相当碎片化的、非连续的生活的心理准备——**追涨几秒钟，台下十年功**，懒货是很难支撑的。

仿真模拟交易时间的长短，取决于你自己的天资，什么时候选股、买卖行为运用自如了，就可以进入实际交易了。

第九节

追板隔日战法详解

打板成功率高的人，因为每天一定能抓到次日保证获利的好股，因此也不太在乎**是否卖错**，如果老是纠结于一定要卖在最高、吃尽一波行情，往往会搞坏心态，他们更重视的是**必须买对**。

因为选股能力强，成功率高，追板高手们往往都是做隔日超短，讲究的是复利。

这种战法牛熊通吃，震荡市，下跌市仍有操作机会可找，这种操作手法讲究的是，简单的事情反复做，反复获利。也就是用固定模式选股、操作，简单重复，复利增长。

所以，隔日超短，就不要懊恼自己做丢了牛股，不要懊恼自己卖了后又涨了多少多少，那不是你的模式能挣的钱，你要做的就是找到今天买入，明天卖出能挣钱的票，并且重复这个动作，这才是你要做的。

如果说，龙头战法注重的是选股买入后持仓吃尽一波行情，那么隔日战法就更加偏重于交易的技巧了，买入的标的股基本就是打板手法，而卖出价的高低那就要看个人的本事了。

这类做法的选股，基本就是参与最强板块和最强个股，成功短线交易高手的主要交易策略，也就是基于此思路。

它的要点在于：**胜率为先，暴利在后，仓位上不可以孤注一掷**。

值得一提的是，隔日战法最大的缺陷在于错失牛股，在震荡中被洗（不管是拉升被洗还是下跌被洗），因此，最耗费隔日战法交易者脑细胞的，就是如何能够实现隔日战法的突变，即龙头战法和隔日超短形成共振，吃到最大的肉。

在这方面，我的理解是，买依旧用打板，卖的时候参考龙头战法，进行日内持有。如果是真龙头，就能避免在上午震荡中被洗。

有些隔日的做法为了避免错失牛股，会选择在该股冲板时买回来，这样对于交易的要求又很高，万一打板后没封住，做了无用功，心态也搞坏了。

除了买回来，还有一个解决办法，就是看操作者愿意牺牲多大的利益了，其实就是在某些行情阶段里，对隔日战法结合龙头战法的一种妥协的方案，用牺牲上午拉升的利润的风险，赢取未来可能是龙头战法利润空间的收益。

做好这件事，还有一个比较好的方法，是参考当天的市场环境，以及近几天涨停股的连板性，如果仿效性好，出现连板的概率大时，不妨持股。

第十节

追领涨板块领涨股

追领涨板块领涨股战法之所以美妙，是因为在这个市场中，不同周期的上涨板块领涨股层出不穷。

等待，需要绝对的耐心；发现，需要经验来确认；跟随则是最次要的买入动作了。

交易是所有分析以后的结果，并不是盘口随意的追涨。

做人气股、领涨股时资金最安全，效率最高，人气股不仅是热点，更是热点中的焦点。

一般的资金只是发现和跟随，当年"涨停板敢死队"鼻祖宁波解放南路的交易战术，是发掘和引导，技术含量要高得多。

我们不知道谁会先涨，资金量大的操作会提前布局，而我们需要的就是睁大眼睛，等待最强的那只股票出现，然后在封板前买入就可以了。

追涨操作，最好是在指数环境相对较好的交易日进行，追最强的领涨板块领涨股，大盘如果不行了，最强的股票通常还能横几天，可以留给你果断退出的机会。

追领涨板块领涨股需要技术吗？不需要，要的是临阵时的果敢和勇

气。如果你操作的一直都是市场各阶段最强的股票，那你自然就能做到龙头。

涨停板追板操作，追求的是高买高卖，频率上不快不行。90%以上的操作都必须第二天结束。

领涨股不在盘子大小，而是在启动的时机。

趋势的力量引导市场合力。所以在交易中，对"**势**"的理解超过一切。

大盘背景的判断，是回避风险的唯一办法，指数在走下跌通道时，符合条件的交易，全部放弃，也不为错。

这个市场本来就是反应快的人赚反应慢的人的钱。

短线炒作除了大势配合外，必须还要有板块的强势，才能提供较高的成功率。

目前的市道，板块轮动特征明显，除板块领头羊外，一般都可以不再做关注。

看热点的本领是短线客必须掌握的基本功，否则你永远在成功之大门外。

操作的要点只有两条：弱市忍手不动，强市踩准节奏。

交易之道没有捷径，只能练，不然的话，卖股经的不早发了。没有捷径，也没什么秘诀，每天盘后认真总结得失，每天不能间断。

行情好时，应该是满仓滚动操作，因为这时亏钱概率小。不好时应尽量轻仓小玩玩。

做涨停首先要眼快，目标股票即将涨停，必须第一时间反应到位。

其次是脑快，目标股票什么题材，板块效应如何，技术形态、量价、大盘点位，这些都是必须快速判断的要素。考量结果是一致向好，才能决定能不能买，最后才是怎么买的问题。再次是手快，执行力。主力加单，跟着加；主力撤，跟着撤。

涨停板买入失败就得割肉出局，执行纪律。

纪律和赚钱无关。

纪律是生命，就算是亏损也必须执行。

不能贪小利而弃纪律，这样的人无法成功。

是男人就得无条件地接受失败。哪怕是耻辱。摸一摸随身的那把刀，那光芒依旧。隐隐地它带着一丝寒意，傲月长空，它知道它的归宿。

第十一节

详解捕捉"龙头股"技巧

中国的证券市场，实际上就是一个政策市，每天盘面上产生的热点，就在政策引导中产生。热点亦可以解读为"题材"。但一个政策，能否产生大行情，千万不能自己臆测，主要看盘面反映。

盘面的反映怎么看呢？

1. **看成交量**。敢做行情的个股，尤其是突发题材的股，主力动作首先一定是反映在成交量上，这就是"**量在价先**"。无论是庄家，还是游资，启动行情时，股价因为往往还是在低位，吸足够多的低价筹码做底仓，是大家一致的共识，无一例外，这样的结果，最后**反映到盘面上，就是巨量扫单买入**。

现在因为每天机会稀缺，每天我们都可以看到抢盘奇观：明明股价还只有 6% ~ 7% 的涨幅，突然几笔甚至一笔的买单，突破盘局直封涨停，随后就是一两千万股的大买单封死涨停，见图 3-19。遇到这种凶悍的买入动作，除非你打好涨停价买单且随时准备按"确认键"，否则你是绝无买到可能的。

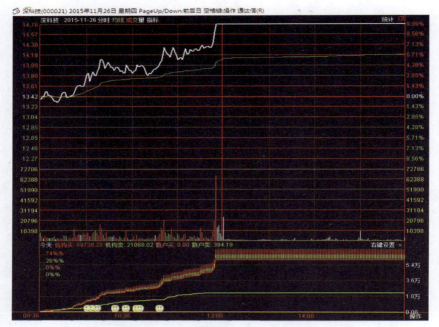

图3-19

2. **在盘面找板块领涨龙头**。先找曾经当过龙头的，但龙头不是一成不变的，过去的龙头是个很重要的参考，因为有些机构、游资恋旧，曾经的旧爱依然能当新欢，炒熟是种习惯，再找出跟风个股中最早收出涨停的个股。

龙头股必须具备五个条件：

1. **龙头股必须从涨停板开始**，涨停板是多方最准确的攻击信号；不能涨停的个股，绝不可能为龙头。

2. **龙头股最好是低价股**，只有低价股才能得到市场的合力追捧，一般最好不超过 10 元，超小盘股则可以价高一些亦无妨，因为大盘高价股不具备炒作空间。

3. **龙头股流通市值要适中**，适合大资金运作和散户追涨，大市值股票当龙头概率相对较小。当然，在某个时间段，题材就是爆发在大盘股中时，就是例外。比如一带一路、南北车合并，此时你亦必须放弃先入之见，追随市场，毕竟敢做超大盘股行情的资金，其实力亦一定是超强的。

4. 龙头股通常在大盘下跌末期，市场恐慌时，逆市涨停，提前见底，或者先于大盘启动，并且经受住大盘一轮下跌考验。

怎样识别龙头股？

1. **在每天的热点切换中识别**：龙头股往往敢在大盘下跌末端逆市涨停，提前于大盘见底。

2. **量价配合，换手率，形态、均线完美是识别龙头股的关键**。这是同一板块几十只股中，只有领涨龙头股才具备的，极易辨识的技术特征，也正是它们有这种共性，所以才是机构、游资、高手们争先恐后介入的理由。实盘中，要学会只辨识龙头，只做热点龙头的习惯。

龙头股风险控制与操作龙头股的纪律：

1. **实战操作要求坚决**，绝对不允许模棱两可的操作出现，市场信号是实战操作的唯一，也是最高原则。

2. **给出精确的止损点，誓死执行**，什么股票都敢做，因为风险已被锁定，这是操盘手的最高圣经。

由于龙头股具有先板块启动而起，后板块回落而落的特性，所以，它的安全系数和可操作性，均远高于跟风股，至于收益更是跟风股望尘莫及的。

在强势行情中，对于领涨龙头股决定是否买入的决策，关键是看该股后市是否还有继续上涨的动力和上涨空间，历次的强势行情都证明，凡是在行情早期阶段敢于大胆参与龙头股的投资者，都很容易取得丰厚的利润。

从以往的行情发展分析，凡是能够发动一轮富有力度上攻行情的龙头板块，往往具有以下特征。

龙头股具有的市场号召力和资金凝聚力，是绝大部分平庸表现的个股所不具备的，只有它们才能有效激发和带动市场人气。

只有龙头股，才具有短期大涨的动能和中期可持续上涨的潜力，甚至出现跨季度、跨年度大行情，反复上涨。

龙头股一定是一波上升行情里最先启动的股票，也是一波上升行情里涨幅最大的股票。

敢于发动、运作龙头股的主力资金，其实力非常雄厚，并且对政策面、消息面具有先知性和高度的敏感性。

龙头股大致上有三大体系：一是以行业背景为基础的龙头；二是以概念背景为基础的龙头；三是以地域背景为基础的龙头；另外还有包括多种背景的综合性龙头股。

行业龙头：行业的龙头上市公司，无疑有着强大的持续发展能力和巨大的市场吸引力，在各种类型的龙头股中，以行业的龙头股最多，近年来涨幅巨大的龙头股，大多是以行业龙头股的身份出现的。

概念龙头：概念性的龙头，是市场中最容易上涨并对行情起落具有领导作用的有影响力股票，也可以称为板块龙头或领涨龙头。但与行业龙头有区别，它有特定的时效性，多因政策、事件引发，一波炒过很少有后续行情。

地域龙头：是指同一地域构成的板块中所形成的龙头股，比如天津板块、上海本地股板块、深圳板块等。当行情以"炒地图"方式轮换时，往往轮到哪个地区时，会出现某个龙头股，但这个龙头股，很少沿用之前的老龙头，即便是"炒地图"行情，也一定会由某事件、题材引发，只是地区轮流罢了，龙头一定是地区中应题材而生的个股。"炒地图"行情往往与题材联动。

综合龙头：有的龙头股并非仅仅属于一种性质的龙头，而是属于兼具多种性质的龙头股。例如有的个股，不仅仅是概念性的龙头股，它也是行业龙头股和地域性龙头股。这种综合性的龙头股，往往更容易吸引主力资金的关注，行情的爆发力也更强，而且更具有市场号召力和领导力，在各方资金的积极关注下，更容易掀起一飞冲天、天马行空般的龙头股行情。

上面说到的各种分类龙头股，都是可遇不可求的，千万别刻舟求剑，其实，对做复利的交易者而言，只要是次日有利润的封板股，不是龙头股又何妨。

那么，我们怎么在盘中成功地捕捉龙头股呢？这毕竟是门技术活。

首先是要寻找当天的热点。每一轮行情中都有热点产生，龙头股与热点是息息相关的，市场热点是龙头股的诞生地，而热点又可以分为很多种，不同的热点能产生不同级别的龙头股，选股就要选主流热点的龙头。

其次是做好准备，设置自选股板块、开启预警功能等，发现今天某题材应运而生、某个股有成为领涨龙头股可能时，要加入自选股中，进行密切的跟踪观察，不错过上"车"的机会。

买进龙头股最佳时机，就是行情发动的当天，这是最主动的介入点，即使次日行情熄火，也比次日追跳空高开的"接盘侠"们安全性高。从即时盘面分析，龙头股通常在当天就有极鲜明的特征，那特征就是：**涨得最早、买入力度最大、涨得最快、最快涨停**。

确认板块启动后，紧盯的就是龙头股，但龙头股也有个缺点，稍一眼慢手慢就会失之交臂，与之擦肩而过，这时找"龙二"就是补救办法，当然你要确定这板块的启动力度、持续性，值得你去做"龙二"。市场中也有一种"兄弟"现象，板块中有两只股，联动性特别强，每次发动一定联手。这种"兄弟"股，都是龙头，都可追买。

要切记的是，如果错失了买入某个题材龙头股的机会，就不要去买其他上涨力度并不太强的跟风股。市场最不乏的就是机会，在一个市场环境相对好的交易日的 4 个小时中，一般指数的每一波上涨，都是由新涌现出来的热点带动的。这机会并不比上一个机会小，你抓住这个机会亦是一样的。

买入龙头股，在操作中强调的是快速跟进，如果错过了龙头股启动时的买入机会，或者没能及时识别龙头股，则可以在其拉升阶段的第一个涨停板附近追涨。

但因为我是强调买启动板的，龙头股的第一个涨停板比较安全，后市最起码有一个上冲过程，可以使投资者从容地全身而退，所以不建议在板后买，尽管板后买的参与群体很大，亦有很多成功者。

谁能先于大盘启动。主力也分三六九等，有先知先觉的主力，也有后知后觉的主力，那些抢在大盘见底的前夕动手的主力，"道行"必然了得，其对政策面、基本面、技术面深刻的把握，远超出市场一般水平之上。

看谁最先涨停。在一片低迷的市场氛围中，大部分个股萎靡不振，此时，若有某只个股率先拉涨停，必然会吸引市场众多眼球。目前讲究"注意力经济"，首先获得市场注意的个股肯定会吸引大量资金追捧，股价自然水涨船高，也是我们捕捉的最佳猎物。

看谁的量能最大。哪个板块的成交量最大，说明该板块流入的资金量最大，"弹药充足"，必将成为"特别能战斗的队伍"，有巨大的成交量做后盾，股价向上的空间自然乐观。

从历史信息记录来发现。最常见的该类强势股有：第一是市场形象突出的个股，一旦出现异动容易成为强势股。这里的市场形象主要是：基本面突出有龙头潜力，股本结构突出（三无概念或者小盘股），股价表现特别沉闷的个股。第二是有明显操作风格的主力重仓持有的个股。第三是有特殊事件发生，股价量价配合默契的个股。第四是大盘强势时，成交量连续成为市场中最大的一类个股，在大盘弱势中，成交量连续成为最小的一类个股。第五是市场都看好又不敢买，但还在涨的个股容易成为强势股。

龙头股有三大特征：一是股价率先启动，启动时连续放量拉升，涨幅巨大，有雷霆万钧之势；二是符合市场炒作热点，有巨大想象空间，能激起市场共鸣；三是有号召力，能迅速带起相关板块，进而带起大盘。不符合这三大特征的个股，可以成为黑马股，但成不了龙头股。龙头股与黑马的最大区别在于：龙头股有迹可循，有可操作性，而黑马股却从头到尾是个谜，无法参与。

龙头个股的识别，要求具备丰富的实盘经验，可用两个方法识别龙头个股。第一，从热点切换中辨别龙头个股。通常大盘经过一轮急跌，会切换出新的热点。第二，用放量性质识别龙头个股。个股的放量有攻击性放量和补仓性放量两种，如果个股出现连续三日以上放量，称为攻击性放量；如果个股只有单日放量，称为补仓性放量，龙头个股必须具备攻击性放量特征。

在牛市中捕捉龙头股更为重要。强市中必须捕捉龙头股，只有抓住了龙头股，才可能有大利润。龙头股有三个显著特点：一是涨势迅猛，二是巨量换手，三是相对低价。几乎清一色是中低价位的股票。每一波行情的龙头股在启动之际，大盘一般都经过了大幅或中幅的调整，大盘一般都处在相对低位。大盘的每个波段都有各自的"领头羊"，每个龙头行情的终结，则意味着一个上升波段的结束。于是，也就有了"龙头一倒，大家拉倒"的说法。因此密切关注"龙头股"的走势，对研判大盘的运行趋势有着重要的意义。这些龙头个股都具有板块联动效应，都能起到以点带面的作用，进而带动市场人气，促使行情向纵深发展。这些强势品种往往是在众多股评家呼吁要规避风险、逢高派发此类个股之中不断上涨，存在"大家都在看，却都不敢买"的状况。由于它们涨幅巨大，也就是说，在对大盘做出短期趋势能够向上的判断之后，即使错过了该股的启动之初最佳介入时间，只要在该股拉升途中，即短期涨幅没有超过20%以上，大胆杀入，并且注意及时了结，也同样可以获得一定的收益。"龙头"个股往往具有爆发力，涨势迅猛，但缺乏可持续性。由于"龙头股"短线的暴利效应，一旦吸引了投资者广泛参与热情之后，则往往意味着行情已到了尾声。值得注意的是，当大盘出现回落，这些个股往往还会出现抗跌的表现，并且在高位进行震荡表演，而这时也正是出货的最佳良机。

　　能有效带动大盘向上的龙头股具有几个特点：一是，对市场人气具有集聚作用，市场呼应程度高；二是，具有科技题材，流通股本相对偏大，对指数具有带动作用；三是，前期已有主力资金介入建仓，短期以强势整理为主，调整已充分，存在再度启动上行的要求。详见图3-20。

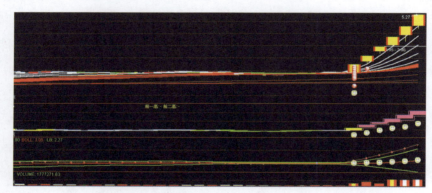

图3-20-1

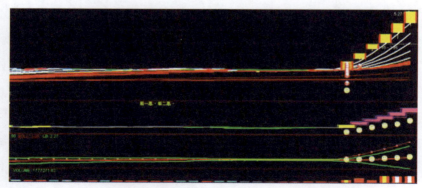

图3-20-2

第十二节

确定个股走主升浪的模型

我们买在涨停启动日，最大的优势是掌握主动，不管后市走势如何演变，无论做超短还是中长线，都是站在最有利的位置。

那么，怎么来判断在次日的交易中该留还是该卖？这又是个严重的问题，尤其对做超短交易者而言。

涨停启动日，我们注意到的是：个股形态完美、主力强势买入，但是否一定会走主升浪，亦很难断言，这就需要盘中继续观察了。

下面用两种模型作为主升浪确认依据。

主升确认模型："板 + 板"

"板 + 板"模型实例详见图 3-21。

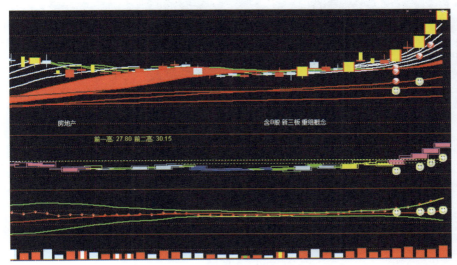

图3-21-1

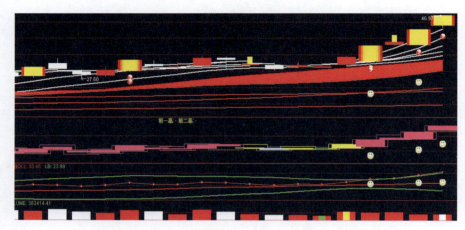

图3-21-2

主升确认模型："板连板"

"板连板"实例见图 3-22。

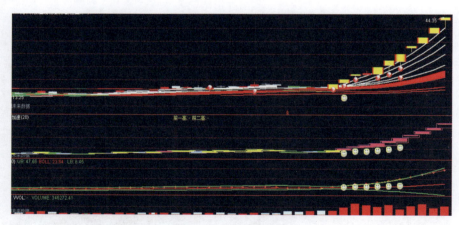

图3-22

第十三节

"追板族"最易犯的错误是什么？

　　股吧是交易者的群居之地，因为有了散户高手们用小钱成巨富的榜样在先，和他们成功的捷径——打板示范，"追板族"应运而生且群体日益庞大。

　　可悲的是，大部分的"追板族"只知道"追板"，却不知道游资高手"追板"的逻辑和背后的高超技术能力，其结果一定是亏损。

　　"追板"是门技术活，高深的技术活，掌握不好是把极易伤害自己的双刃剑！

　　真正能把"追板"这件事做好，会看指数环境是最重要的能力。

　　对"追板族"而言，根本无所谓牛市熊市，熊市牛股的爆发力，甚至超过牛市牛股涨幅。个股因为熊市的误伤——股价被腰斩甚至只剩下一二折，"一遇风云就成龙"。实力庄家完全有能力让股价从地板上启动，借题材东风一飞冲天。

　　行情一定始于涨停！真正的追板高手，一定是判势的高手！ 能够正确判断涨停板的性质，是成功的基础，大部分的"追板族"根本没有这个思维存在。也正是因为他们缺乏准确的辨别能力，所以会失败居多，甚至因为不会及时止损保护自己，最后导致一败涂地。

　　大部分的涨停板，次日不会给交易者带来暴利，真正次日会涨7%以上或连板的，其比例也仅一二而已。

　　交易者之所以要选择去追板，原意就是追求短线暴利，一旦事与愿违必沮丧。

选择值得介入的涨停股，首先要有能预判的能力。即这只股能否封住板，今天封住板，明天有没有获利空间？

连板固然有运气成分，但技术上是有判断依据的。至少做庄的主力有这个技术能力，敢连板不仅仅靠的是资金实力。

第 **4** 章

交易须知

勤奋学习是你成为实战高手的唯一途径

交易理念在交易中的重要性

另类的交易理念——投机

心中无限，才能着到热点、牛股

正确理解短线、中线、长线概念

稳定复利才是暴利正道

做对的关键，是确定选股模型

交易赛的过程是怎样，不可避免的

涨停股次日表现，是你最好的老师

股价炒作全景图

启动板：抓住真正的获利机会

必须选择最犀利的武器

会选股不如会选时

掌握顶尖技术的使用秘要性

技术的高胜率需要指标助力

做启动涨停板的必要性

经典经典指标的使用秘诀——六线 成交量 副图经典副图组合

庄家运作全景图及龙头股产生条件

经典技术指标是交易者的必修科目

成功突破走出主升行情的形态判别

发动主升行情的标志

启动涨停板，主升浪的两种经典模型

怎么学习涨停板技术？

个股的涨停基因

谁是今天最值得买的"启动板"？

涨停大K线类别分析

怎么才能找到心仪的涨停股？

实对的技术和能力的培养

分时走势结构详解

分时卖出的技巧

分时均价线

"启动龙板"：成因揭秘及经典个股案例

"对错在分时"，分时走势的重要性

主升牛股启动板的操作技巧

追板的分时走势结构详解

尾盘一小时的对涨停股的操作技巧

走出打"一半路板"的误区

没人原意买的才是最好的股

打板不"吃面"——训练从"分时买入必看"开始

第一节

涨停股的题材助涨作用

随着网民的日益增多，关心时事成了股民共识。

每天发行的《上海证券报》《中国证券报》《证券时报》，已经拥有了可观的读者，网络上更有精华版可阅。

每天的各种消息，经过媒体、网络的传播，会有些题材被大资金发掘相中，临时起意，用自己的资金实力做一波行情，且不理市场牛熊环境。

这种因题材而应运而生的行情，此类股的涨幅高度除了与主力实力有关，还与市场认可度有关，一旦市场普遍认可、积极参与，就成了大牛股、妖股。

参与此类股，一是追领涨龙头股，谁是龙头追谁，或是追个龙二也行；二是吃足一波行情，但这难度太大，题材股的连板，往往是各路游资的接力行为，"击鼓传花"，盘中振幅巨大，尤其是 3 到 5 个板以后。要不被洗出，只能看收盘决定去留，如果你买的是启动板，成本低获利丰，可以这么做，高位追的则很难冷静面对。

很多初学者还仅仅学了个追板理论，就去做题材股，而题材股至少要 3 连板，才会得到市场认可；此时个股涨幅已巨，参与风险与收益不成正比，智者不为。写书的人可以哗众取宠博眼球，真正能做对的人凤毛麟角，又有几人获暴利，还不都是做"韭菜"，被割的命。

做启动板，收盘后题材被发掘，盘中形态最好、领涨，主力介入最深，后市自然成了龙头，以后的持仓获利，要远高于高位追题材。

说件实事，某书着重讲控制风险，因为他做题材股。如果在无风险区域买启动板，后市演变成大牛股、妖股，做的仅仅是持有，何来风险？

第二节

止损是保护自己的利器

一根 K 线定输赢：起大升浪的源头是一根涨停 K 线，进入下跌阶段的源头是一根中阴，这根中阴未必一定是在高位，但这根中阴一定不会是在真正的大底部。如果真的出现了，好像是在大底部区域，亦可能是"地面下还有地下室"。

学会止损是所有炒股理念中最重要的，会止损就能保证手上的资金安全，能控制住风险；即便在市场恶劣的交易日，亏损也是小亏，不可能伤筋动骨。任何一个交易者，如果没有学会及时止损和果断止损，炒股赚小钱亏大钱和深度套牢将伴随他的一生。

上证指数当年从 6124 点跌至 1664 点，其间几波下杀，低了还有更低；2015 年股灾无比惨烈，出现了 2.0 版、3.0 版几波大杀，交易日千股跌停成常态，个股动辄跌停或几个跌停。

怎么才能保护好自己，在遇到罕见的股灾时不受损失、少受损失？唯有树立坚定的保护自己的意愿，并且在技术上修炼成"精"，否则很难做好这件事。

及时止损是技术手段，但技术手段是"手"，"手"还须由"脑"指挥。因此，发出指令的"脑"，首先要有果断止损的理念、执行力！唯有树立了破位即止损理念，这件事做起来才坚决、不犹豫。

止损，不仅仅是卖出那么简单的一件事情，止损是"割肉"，有时甚至很痛，根本下不了手。如果过不了心理关，不死心，不想亏钱，不甘心，就会让你手中的股票从有赢利到亏损，从短线变中线，中线变长线，直到深度套牢变成股东，甚至几年都解不了套。

综观所有炒股赔大钱和深度套牢无法脱身的交易者，都是由于不愿意割肉止损离场造成的。当指数在高位出现巨阴"断头铡刀"，或个股高位或整理平台出现长阴时，止损出局是最好的选择。因为下跌趋势一旦形成，只有卖出止损一条路是正确的。如果你实在看好它，当跌到一定幅度开始反弹时，你可再买回来。我们是散户，只要想买，任何时候筹码都会重新回到你手上。

一个人真正学会了止损而且能够果断止损，就一定能在股市中最终成为赢家，永远不会被套牢，因为所有的套牢，都是因为你不能及时止损造成的。

有个统计很能说明问题：一个不会止损的人，十次买股六次赢利四次失败的话，这人的操作一定是亏钱的，赚小钱亏大钱。一个会止损不会被深套的人，哪怕十次买股五次买错，这个人却会因为懂得止损而赚钱。

损失一根中阴K线就立刻停损，这种最犀利的停损法才值得你去练习，虽然认赔是很没有面子，但你却可以因此而保住本金、利润。

进场后股价走势与自己的判断相反，第一时间立即纠正，出来等，不能盈利或不能快速盈利，就尽快摆脱这笔交易，最坏的情况就是：不要到不得不退出的时候才退出。

高位突破多是到顶，大势不好的突破多是骗局。

几乎所有牛股拉升前都出现了筹码低位单峰密集形态，出现的第一个涨停个股和所带领的板块，往往是下一波行情中的热点龙头。同理，高位出现筹码单峰密集形态后杀中阴，都是行情见顶的标志。

交易者必须具有高度的控制力，能正确判断机会与风险，在风险大于机会下，除了极少数顶尖高手可以快速抢一点盈利，对于大多数朋友来说，则意味着一不小心又进入追涨不成被迫止损的窘境。

真正的顶尖高手，从来不会认为自己是顶尖高手，因为只有在这样对自己不满足的状态下，才会不断进步。谦受益，满招损！

止损能力，是成功的交易者必须具有的。任何高手的交易，都不可能100%做对，**当错误发生时，及时止损就是最好的保护手段。**

赚多少还取决于市场，亏多少就几乎全部取决于自己。

不愿意止损，其核心就是不敢直面自己的错误，希望以更大的"赌"来掩盖已经发生的错误。

不做错何来止损？

"明镜本清净，何处染尘埃。"对短线高手而言，不犯错哪里需要止损？

追逐风险、自己的战法险中取胜，当然会时时遇到风险，感到"止损是件天大的事情"。如果交易都是有90%成功率的，且有成功的资金管理，除了罕见的股灾日、指数暴跌日，一般情况下，因为不犯错，所以不需要为错误买单而止损。

我之所以要用选股模型，之所以只做最暴利的主升浪启动板，就是看到了盲目追板者亏损连连，频频止损却茫然不知所措之窘境。

指数环境不好先空仓，小跌出小利亦出，先规避了可能出现的风险再说；指数环境好个股表现都不错，选的又是主力刚大量买入、刚启动行情，又不在分时上犯错收于涨停，次日最差表现是缩量小阴，何来止损一说。

我只做主升浪启动板，就是用最好的进攻，来规避可能的衰败：早晨初升的旭日，怎可能立即"被暴雨冲刷"？

止损的最高境界是不需要止损，不犯大错怎需止损，必须止损时则毫不手软！

第三节

不能空仓的人不是高手

很多人让他空仓比杀了他还难过。

多数人无法战胜时间的等待而手痒难耐，手痒是冲动的根源，亏损甚至连续亏损，就是市场对你冲动的惩罚，离场或者阶段性停止交易，是避免手痒的最好方法。

停止交易，当市场环境转好后再度重整旗鼓、从头再来不失为明智之举。比如对打板交易者而言，遇到市场个股板后连续性很差，屡屡"吃大面"，且又不是自己交易系统的失误，停止交易是最好的办法。

对成功的投资者而言，必须具有正确把握买、卖、空仓节奏的能力。

正确判断指数环境，踏准市场节奏，你就能在该买时买，该空仓时空仓，这就是选时能力。

大盘大调整阶段，大多数个股下跌，所以交易成功率很低，个股即使逆市今天涨停，明天仍会补跌甚至跌停。当交易炒作难度极大时，最好的应对就是空仓休息，就是保住胜利果实，而绝大多数人在大盘下跌见底时，都是处于被套状态，没有资金炒作，这不能不说是一种悲哀！

高超的识别牛股能力，能从根源上减少犯错，是短线交易高成功率的保证。

顺势而为，踏浪炒作，才能达到短线炒作的化境、大成！能成功规避市场风险的高手，此能力的养成并不容易，但如变成习惯，有时能救他的命！

比如 2015 年 6、7、8 月份的股灾，逃顶是一种止盈能力，追高者止损亦是一种能力，抢反弹被套，次日果断止损更需要止损能力。毕竟股价几近腰斩时抢反弹还要止损，一般人根本接受不了，但事情往往与美好的愿望相违背，结果一跌又是30%的损失！

能正确择时，敢空仓、能空仓的人，才是将投机理念深入骨髓的滑头。他不会放弃机会，亦不会忽视风险。

能做好超短交易的交易者，对机会的捕捉和对风险的预知能力，一定是非常杰出的！

第四节

高送转，市场永恒的炒作题材

与国外市场现金分红习惯不同，中国 A 股市场流行高送转这种分配方式。

炒高的股价通过高送转，经过除权——填权这种形式，连续几年的送转后，原来交易价格仅几元的个股，现在复权价已几百元矣，不知不觉中有了惊人的涨幅，这类股是长线投资者的最爱。

每年的年报、中报分配期，就是高送转题材应运而生之时。

高送转股，最先炒作的、涨幅最大的，一定是最先预告、最早实施、送转最多、价格相对低的个股，从最早期顶格送的 10 股送 10 股，现在已经有了 10 股送 30 股。

高送转行情以年报高送转为佳，中报高送转次之。

因为年报高送转行情一般始于 11 月份，到中报高送转开始时，市场已疲，因此，中报高送转个股行情，远不如年报高送转行情热烈。

做高送转个股行情，预告、年报公布日、公告实施日、实施除权日都是炒作理由，如果之前没有大涨过，这一天的涨停板就是典型的启动板。

但不管用哪个理由炒作一个小高潮，要警惕的是，之前几天都不能有过大涨！如已大涨，尤其是除权前一天高位出放巨量涨停板，一定是陷阱。知道了中国股市的这个规律，每年的一波高送转炒作，是很值得参与的。

第五节

"妖股"的关注要素

现在又有了个新名词：妖股。

妖股不同于庄股，不同于题材股，妖股是"独行侠"，没有板块效应，一段时间内，可以有几只或十几只妖股，它们独立作战但有联动效应。

⊃ 基本面

1. 低价：一般启动时价格在 20 元以下，最好是 10 元以下；

2. 低市值：一般不超过 40 亿元；

3. 业绩：还算可以，至少不能为负，业绩为负容易被特停，机构一般也不能买（基金公司内部规定）；

4. 有高送转预期：每股未分配利润和每股公积金比较高，可以高送转；

5. 有限售股近期流通：一般股价都有向上做的欲望；

6. 配合度：公司比较配合，及时出异动公告，并且公告中含有想象空间的文字。

说明：前面三点一般为必要条件；后三点属于锦上添花，可有可无。

➲ 技术面

K 线形态：历史新高形态、大箱体突破形态、底部放量突破形态等。

大妖出自迷茫，龙头来自烂板。启动板当天，市场大部分人尚未认识、了解到题材，当成高抛对象出局，正好给无底仓的游资一个快速建仓抢筹的机会。

➲ 环境面

大盘弱势：有熊市妖股的说法。大盘弱势或者震荡中，热点更容易凸显，更容易出现妖股。而普涨阶段时，资金被分流，反而难出妖股。

做妖股，靠的是艺高人胆大，敢追、敢搏傻，普通人还是敬而远之为好。

第六节

看盘的硬件配置

思维成了高手，软件亦非常给力，但你的硬件条件够理想吗？ 这一节我想把最佳硬件配置介绍给你。

大部分的人只使用一个显示器看盘，在我看来，绝对是不够的。

3 个显示器是个理想的状态。但这 3 个显示器不是 3 个主机连接，而是"一拖三"。

如果每个主机各带一个显示器，就有相应的键盘、鼠标，交易的时间既麻烦又易出错。

其实，每个台式电脑显卡都有两个接口，可以连接 2 个显示器，更有能连接 3 个、4 个显示器的显卡。你只要更换一个 3 个接口的显卡，其效果就是你的鼠标可以在 3 个显示器上，无阻碍地畅行。

这样配置后，你可以将 3 个屏幕合理分配功能，以达到最佳看盘效果。

左屏放当日自选。当然最好是心中无股，只放今天选出来的心仪股。因为随着时间的推移，数量会越来越多，加上上证指数、创业板指数（我认为，这两个指数，代表了市场个股中大、小盘股走势，二八转换很直观，是必须要有的），需要用"多股同列"方法放置，这么就可以让你一眼就看清关注股的任何变化。

图 4-1 是 9 股同列效果图，还可以根据需要调整为 16 图甚至 25 图。

图4-1

只不过上面多股同列效果那么好的根本原因，是因为软件给力，不信你放下书，去看一下你的交易软件上 9 股同列的效果。

现在大家都知道了盘中主力买入力度的关键作用，很多高价软件都用相关指标作为卖点，但不要说多股同列，就是单股时亦无可关注处，即使下面有指标，亦仅仅几根不同颜色细线而已，几无参考意义。

中间屏（主屏）用来关注市场、关注个股，选股。

为了达到最佳效果，也采用多股同列的方法，可以同时看到 25 只个股。这样，不管你是看涨幅榜，还是预警选股，都可以一目了然。

右屏用来放置持仓股。

有了这么完善的设置，你尽可以在略转一下眼睛角度状态下，就可以看到最多 75 只个股的走势。这样，至少在看盘硬件条件上你已经领先大众。"赢在起跑线"很重要！

第七节

执行力的强弱，决定了你成就的高低

做事果断还是犹豫不决，这就是执行力高低的区别。

执行力强弱，在普通行业，并不太讲究，但在股市，却是极其重要的个人素质！

遇事犹豫不决、迟迟下不了决心，在股市可是大伤。因为很多买入、卖出决策，最快甚至几秒钟内必须做出，尤其是追板那一刻，没有良好的执行力，可以偶尔成功，但要想一直成功是不可能的。

炒股第一步，从训练执行力开始，否则一切理念、理论、方法、系统、仓位管理等等，均不会产生实际的意义。

集中全部精力，研究精通一个适合自己的，唯一的盈利模式，不断去升级，优化，加上坚决的执行力，是在股市赚钱的捷径。

每一个阶段的主流热点龙头股和稀有特殊题材个股，永远是我们重点关注的目标。

只做高效的交易，空仓耐心等待每一次绝杀机会的出现再果断出击。

顺势而为，再好的股票，再好的预期，没有按自己的预判上涨，就要抛弃一切幻想，果断止损止盈。

操作理念：主流龙头——及时止盈止损——空仓耐心等待——新主流龙头；

操作手法：及时追击主流板块龙头，果断止损止盈！

第八节

胆识、果断、执行力缺一不可！

敢做主升浪，敢追涨停板，到达了这个境界，本身就说明你的能力已经远远超过了普通人。

对绝大部分的普通人而言，他也在学习，亦知道什么是好东西，但永远停留在"叶公好龙"阶段。

就像我们所处的社会，只有极少数的人通过个人奋斗，获得了事业的成功。前不久我参加了一个初中同学会，1970 年初中毕业大家上山下乡，40 多年过去，大家垂垂老矣，40 多个同学，都成了爷爷奶奶，但其中居然有 2 个上市公司董事存在。

这事例充分说明，个人奋斗可以让你获得成功，成功的事业尽管各异，但是可以肯定，成功人士的素质一定是最好的。

同理，股市成功人士的素质要求亦很高，甚至比办企业的人要求更高。

那么，真正的股市高手应该具备哪些交易眼光呢?

大视野：坚定地只做主流热点龙头股和稀有特殊题材的股票。

在有主流题材时，跟进龙头，不做跟风；

有新题材个股时，不做老题材的个股。

正确判断主流热点的影响力和持续性。

题材要新颖，稀缺、想象力够大，破天荒，从未有过，还未兑现。

题材必须坐实。没坐实的题材风险极大，一出澄清公告容易挨跌停板。

必须资金认可，历史股性活。

出手的环境：

热点散乱，变换迅速的时候，空仓等待。

下降趋势不抢反弹，留着资金做大行情。

不要太在乎所处的是牛市，还是熊市周期，只要市场有赚钱效应就可以做。只做市场中最耀眼的明星。

买入的时机：

预判解读政策，事件，发现启动形成板块效应在领涨龙头即将涨停时介入。

预判公司发布利好消息对股价的影响，对题材新颖，影响重大，概念稀缺，想象空间大的，开盘直接追击。

第九节

怎么成功地做好超短

尽管上面已讲了不少，但是复利的基础是积小利为大利，有必要再讲一下：怎么才能成功地做好超级短线？这指的是今天买明天卖的交易行为。

选超级短线股的原则，是选择市场中当天的最强势股、题材、概念中的领涨龙头股。

做超短线主要靠技术分析，要有敏锐的市场洞察力和充足的看盘时间，能够及时发现市场当天最热点所在。

短线操作的对象，要选择被市场最强悍资金买入的个股。在热门板块中挑选个股的时候，一定要参与走势最强的龙头股，而不要参与补涨或跟风的个股。

从技术上分析，超短线选股必须是3天线向上，且有一定斜率的才考虑。

买入的时机一定要选在风险最小、确定性最高的启动当天，而不是之后。

超短线操作，最重要的是，要在买入的时候，就设定好保护自己的止损点。一旦失败就要有勇气止损出局，这是铁的纪律。

做超级短线要设定好止盈目标位。原则上如果不能封板且上涨动力消失，就要止盈出局，积少可以成多！如果红色的K线，在你眼里变成了资金无限延长，这恰恰是你最需要出局的时候。

超级短线出局的原则，是当持仓个股分时走势中涨势一旦逆转就止盈出局。一旦买入了超短线个股，就应该按照预定计划去做，但是，当走势与自己的预测相异时，则放弃计划，立即采取最正确的应对方法去做！

怎样面对错误？

因为短线是高频交易，出错的概率会远大于长线。买入后跌停或者卖出后涨停都有可能碰到。没有患得患失的心理，是交易员成功的主要条件之一，面对失败的交易，你必须提得起放得下。你绝不能因为一笔失败，而被搅得心神大乱。

把自尊与是否赚钱分开，也就是说，从能接受错误开始。在此之前，也许承认自己失败，要比亏钱还难受。不要总认为自己不可能犯错。假如错了，那就赶紧脱身，"留得青山在，不怕没柴烧"，为下笔交易留些资本。在这样的观念下，保住本金，保住之前赚取的利润，摆在维护自尊之前，面对亏损也不会太难过，犯了一次错，又有什么大不了呢？

世界上最伟大的交易员，有一个有用而简单的交易法则——"鳄鱼原则"。

所有成功的交易员在进入市场之前，都要反复训练对这一原则的理解程度。该法则源于鳄鱼的吞噬方式：猎物越试图挣扎鳄鱼的收获越多。假定一只鳄鱼咬住你的脚，它咬着你的脚并等待你挣扎。如果你用手臂试图挣脱你的脚，则它的嘴巴便同时咬你的脚与手臂，你越挣扎便陷得越深。所以，万一鳄鱼咬住你的脚，务必记住：你唯一的生存机会，便是牺牲一只脚。

若以市场的语言表达，这项原则就是：当你知道自己犯错误时，立即了结出场！不可再找借口、理由或有所期待，赶紧离场，始终坚持保本第一、赢利第二的操盘原则，始终坚持短、平、快的操盘风格，始终坚持市场有机会就牢牢把握，没有机会千万别自找机会的操盘纪律。必须时时刻刻顺应市场的变化而变化，顺应市场的趋势来操作。

开盘的第一时间开始，就是不断自我否定的开始。只要没有告别股市，就别说自己是亏是赢。

这个市场上，有一种人叫主力，但是更多的人叫散户。其实，主力未必每回都赢，散户未必每次都输。残酷的自然法则敦促着他们一刻不休地战斗着、生存着。既然我们选择了股市江湖，就要为生存而战，勇敢地面对现实。

散户致命的弱点：总是担心错过赚钱或扭亏为盈的机会，不论市场处于何种状态，都将资金放在市场中。在这种心态驱使下，一年当中基本很少有空仓持币的时间。

不论股指还是个股，客观上都存在着上升、下跌和横盘三种状态。

你在市场下跌时坚持持股，只会导致亏损进一步扩大和心态变坏。经历了阶段性横盘震荡后，既有可能向上突破，也有可能向下破位，而你在市场趋势尚未明朗时，就将资金投进市场，或者买入后不愿离场，绝大部分时间将自己的资产暴露在市场风险之下，其结果凶多吉少。

最正确的做法应该是：只有在市场出现明显向上趋势时进场买入，其余时间则持币观望。

选定有效的交易系统，并在该交易系统向你发出趋势将要逆转的信号时，果断进行买入卖出行为。

不论股指还是个股，究竟能够涨到什么价位，既不会由你说了算，也不可能由包括分析师在内的某些人说了算，最终只能取决于多空双方博弈的结果。主观设定买入卖出价的实际结果，不是导致了自己在强劲的上升趋势里踏空一大段行情，就是错过了出场避险的好时机。

我们要在观察中学习，在学习中感悟。跌宕起伏的市场会让我们日趋成熟。股市如人生，充满着未知与曲折，有逆境中的艰辛，也有顺境中的快乐。

我们苦苦追寻的，就是凤凰涅槃的那一天。在证券市场中的磨炼，凤凰涅槃后的心态是任何人无法教授的，它是成功的必然基础。要形成自己的赢利模式，重复成功经验，让赚钱成为一种习惯。

努力地去寻找怎样能稳定地赚钱的方法。无论什么是我们恐惧的根源，要成为一名成功者，我们必须建立自信，并克服恐惧，要相信自己一定能够做得最好。当我们带着害怕的心理去交易时，我们的恐惧心理就会让我们采取会给我们造成损失的行动。

我们相信自己，亦相信其他人经历的过程与我们一定是类似的。假如他人总能说到而且做到，我们就可以相信他。同样，我们越多地忠于自己成为一个成功操盘手的目标，总是保持言行一致，坚定地去遵守我们的操盘计划和规定，那么就越能相信自己一定做得比别人更好。

从一个经常亏损的交易者，到成为一个能稳定赢利的高手，我们需要设定一些可望而又可即的目标。对于普通人而言，首要的问题，一定是在交易时间中，不能在该采取行动时果断出击。为了克服人性中犹豫不决的弱点，我们可以做这样一个练习：采用一个简单明了的操盘系统，定下这么一个目标，当操盘系统给出买卖信号时，立刻毫不迟疑地采取行动，不管自己心里再怎么犹豫都要坚决执行交易。

我们需要一项一项地培养自己的操盘技巧。当我们确信我们能控制住损失的时候，我们就培训自己执行操盘指令的技能。然后，我们再培训增加赢利的技巧。

我们必须一项一项地训练自己的各种交易技能，在整个交易生涯中，都要不断地训练自己。作为一个交易者，我们一定要掌握自己所需要的各项技能，集中精力，一项一项地作针对训练。在证券市场中欲获得大部分人得不到的成功，就需要高超的技能，而这些相应技能是必须要通过不断学习、训练，才能最终掌握、熟练运用自如的。

波动性和不可预测性，是证券市场的特征，这是市场存在的基础，也是交易中风险产生的原因，这是一个不可改变的特征。所有的分析预测仅仅只是可能性，根据这种可能性而进行的交易自然是不确定的，我们要追求的是大概率。成功的选股模型，就是用次日获利 95% 的大概率而建立的。

因为卖股票是决定一次交易能获得利润多少的关键，因此，卖股票是一件非常令人痛苦的事。意志不坚定的人，往往会患得患失下不了决心，我看到网络上太多人坦诚自己的失败，明明买入是对的，次日有获利点，甚至在 5% 以上，却不卖被套，最后亏得受不了，无奈割肉出局。

比如股价已经大幅涨升后，觉得还能赚得更多，如果卖了就没有继续获得利润的机会了，这时候就会在卖与不卖之间痛苦徘徊；而在股票下跌，甚至亏损比较严重的时候，卖出更是让人难受，卖出后就不再是数字的变化，而是实实在在的亏损。但不舍得卖出，不能保住本金，以后怎么才能在新的机会出现时，有资金可以再去博取收益呢？因此，到了必须止损卖出的时机或者符合卖出的条件时，就要坚决卖出保护好自己。

下跌初期，如果个股股价下跌得不深、套牢尚不深的时候，应该立即斩仓卖出。这种时候是非常考验投资者的，能否当机立断，是否具有果断的心理素质，决定了你成就的高低。只有及时果断地卖出，才能防止损失进一步扩大。

在市场上，如果过于苛求的话，到头来会只剩一个"悔"字——悔没买、悔没卖、悔卖早了、悔仓位轻了等后悔不已的做法。所以，在投资上留一点余地，便少一份后悔，才有可能小钱常赚。

第十节

规避风险的资金管理

如何做好资金管理，是个重要问题！

当你还只有几万元、十几万元钱时，你可以去全仓"博一枪"，但亦有些意外让你失手，比如买错、遇上"黑天鹅"事件、遇上停牌、遇上股灾，更可怕的是，停牌遇上股灾后补跌。

买入被关。因为各种各样的原因，某只个股某日公告，开始停牌了。这个停牌的时间，少则十天多则数月。你恰好全仓该股，是喜剧还是悲剧，就看运气了。

牛市中买 1 只股，结果停牌了且时间很长。这个时间段中，指数涨得很好，你只能与其无缘长叹息。好不容易等到复牌了，指数见顶且已下跌了一段时间，复牌补跌上一两个甚至更多跌停板，够倒霉的。

个股停牌，一般都是利好，有些股因消息预泄，资金抢盘往往当天涨停，有时甚至中午就临时停牌。做涨停股极易遇上停牌。

遇上"黑天鹅"。买入股后遇上个股出"黑天鹅"事件，股价高位崩塌、一字板瀑布直泄，你又正好全仓该股，后果不堪设想。

非常真实的一个案例：早年我的一个朋友，多少年股海拼搏，终于有了 100 万元。某股 7 个一字跌停后，按常规抄底想法，他在跌停价全仓买入，当天报收涨停，收益 20%。次日该股一字跌停开盘，无量跌停，之后连续十几个一字跌停，他血本无归欲哭无泪。经此一役，他从此一蹶不振再无起色。

知道了重仓、全仓 1 只股的危险，尤其是你的资金已做大到一定规模时，分散持仓，用选股成功率 95% 的概率，将资金平均分为 10 份，只买当天游资机构重仓介入涨停股，每只买一份。这种做法，表面上看似乎慢，但稳健，抵抗风险效果好。

平均每份的资金是关键。

不能做到平均份额，看好的买得多，不看好的买得少，次日走势又未必一定尽如人意，结果就失去了这么做的意义。

做好这件事的前提是将资金平均分配。

次日卖出依据，不见放量尖锐顶的不卖，其中大概率出 1 ～ 2 只连板股（市场环境好），其余为适合用超短卖出方法收获利润。当天能买到几只算几只，指数环境不好也许买 2 ～ 3 只，不奢求满仓，但也不错过，追求必须做对：买到的股封板。买错止损，毕竟 90% 选股成功率止损 1 ～ 2 只也无妨。

这样，根据选股 95% 成功率的大概率，10 只股中止损 1 只。事实上，在市场当天相对宽松环境中，是不存在止损问题的。

详解如下：

选股模型为启动板，观察重点是分时主力机构买入力度极大；选时正确，当天指数环境不错，因此满仓操作。有了这两个前提，次日表现应该不错。

根据我的实际操作经验，这10只股在指数平开的情况下，集合竞价的平均涨幅可以达到2%，指数如高开0.5%以上，则集合竞价平均涨幅在3%以上。

这些股高开超过指数涨幅，是因为昨天的涨停表现吸睛，得到市场资金热捧的原因。

一般来讲，高开7个点以上的股容易再板（连板），高开3个点以上的股有冲高，高开5%～6%之间的股容易高开低走。

具体走势：高开7个点以上，竞价结束后买一、买二上有巨大买单，直封板概率较大，尤其是题材好、形态好的板块龙头股。

如果竞价结束后买一、买二上没有巨大买单，一般会回落一下，然后放量去封板。

如果高开7个点以上，没有大买单，高开低走3%再缩量回升无气势，一般在开盘价不到处，就有乏力之感觉，此时出局极佳。

高开5%～6%者走势与上述相似，只是气势更弱，在卖点把握上相同。

高开3%的股票，当天择高出局是个不错的选择。如果一直在均价线上方，涨有量跌缩量宜留，连板概率不小。

10只股中这么一区分，第一个小时内，基本上处理完毕，利润落袋。如果有平开低走或低开低走的那1～2只，只要跌幅不过大破坏K线组合，尤其是缩量时，先留着不动，一般来讲，下午不上来，次日亦有冲高机会。

因为介入主力不拉升，只是操盘战术策略，次日随着短期均线群向上发散支持股价，上冲机会一定会有。

不追求暴利，保证复利增长，这样，你可以将资金规模做至无限大。当你得心应手完全成熟后，区别只在于，从10平均份改为20平均份，手中留下的龙头股（不见顶不卖）更多。

第十一节

看股评须知

网上看消息、看股评，已经是新一代股民必做的事。

这是个很好的习惯，看消息，看的是最新信息；看股评，尤其是那些预测指数走向的"砖家"，实在不靠谱，建议尽量不看。

在这里，对大家我想说句掏心的话：到股市还是以赚钱为好，猜指数、博网络虚名有意义吗？不务正业就是歧途。

有些"砖家"，文章中尽是"逢低建仓"；比如大跌之后，又总是"报复性反弹一触即发"。若真是反弹了，或许是分时级别的，或许当天上去了次日马上就回头，根本就没空间可做。"大阴之下不伸手"大多数时间是正确的，尤其是破位大阴，这个险不值得冒。

"报复性反抽一触即发"的观点总是正确；因为，急跌之后的任何点位都可能触发。于是，为了虚无的"一触即发"，搞得人家走也不是留也不是；姑且相信一次吧，又屡屡被套在半山腰；并且即便有幸抢到了那个触发点，若稍有迟疑则"转瞬即逝"。因此，如果某位高人敢于说"××××点会触发报复性反抽到××××点！"这才是真牛人，即便是错了也是牛人。

但在下跌趋势之中，这句话是否可补充为"报复性反抽一触即发，小心转瞬即逝"呢？

安全的进场时机，不是在急跌后立马抢反弹。这时你根本无法确认此处是下跌中还是探明了底部，只有经过震荡做出盘底形态，再以实体大阳向上突破，这才是比较可信的反弹点。

正因为看股评不靠谱，写股评更不值得，所以我建议千万别做傻事。

第十二节

牛股产生的技术条件

从技术分析的角度看，牛股的运行规则，无非就是完成了筹码从低位收集到高位派发的过程。

所谓低位收集，就是在一定的目标区域内，通过长时间的横盘或低位振荡完成筹码从分散到集中的过程。

与以往不同的是，现在低位收集时间明显拉长，收集的手法也趋于隐蔽，而不是像过去的单日放大量拉高式建仓那样手法激烈。单日成交量已较难反映主力的动向。

由于目前的市场规模日趋扩大，个股的波动与大盘的运行节奏之间的关联性也越来越低，短线股价波动就很难反映中线走势。不过，由中长线图形观察，通过一段时间的累积计算，主力的动向仍如大鳄过江，留下串串涟漪。随着市场逐渐成熟，个股波动对指数的影响已微乎其微。

从世界各国股市发展过程看，市场成熟度越高，个股运行受大盘指数波动束缚越小；个股行情独立性越强，越是成为成熟市场行情的主要特征。回顾我国股市发展的历史，也可明显地发现这种趋势。

从历次行情中表现最好的股票走势来分析，它们都有一些共同的特征：股价的抗跌性、筹码的集中度、行情的前瞻性、走势的独立性。

1. 股价的抗跌性。大盘下跌是主力实力的一块试金石，若是强庄股，主力控制了大部分的筹码，大盘下跌时不会乱了阵脚，不会随波逐流，保持良好的抗跌性；特别是在大盘较长时间内处在调整期，某股一直能屹立不倒，其中必然埋伏着坚定看好后市的多头，有时大盘受突发性消息影响出现急跌，对那些"万绿丛中一点红"的个股可特别加以注意。

2. 筹码的集中度。目前市场习惯用人均持股来判断筹码的集中度，人均持股越大，筹码集中度就越高，人均持股越少，说明筹码越分散。

3. 行情的前瞻性。一个成功的主力，必然对大盘走势有准确的把握，善于在跌势末期勇敢大量建仓，维持股价的良性走势，确保在行情初期提前出击，在行情火爆时功成身退，也就是善于打提前量。强庄股一般都会先于大盘见底或在高位横盘，与大盘形成明显的背离走势。

4. 走势的独立性。一般来说，若个股的 K 线图与大盘不一致，则说明该股有资金介入运作，个股走势与大盘偏离得越久，主力的实力越强。**良好的独立性，从侧面证明主力的实力非同凡响。**

主力在市场中的活动总能留下蛛丝马迹：

1. 时间的意义

根据长期观察历史上大黑马的走势，盘整时间与上升时间之比是4∶1，其绝对时间之长，足以消耗一般投资者的耐心，其横盘幅度之小，使绝大多数投资者在横盘期间饱尝追涨杀跌之苦。而一旦抛出股票，又发现原来的"瘟股"顷刻之间变成了万众瞩目的黑马。

我国股市的运行特点：牛短熊长。如果从个股运行状况来看，该特征确实存在。从一轮行情中可以看出，个股的上涨阶段存在时间差，这种现象的存在为投资者提供了更多的投资机会，同时也增加了个股操作的难度。另一方面，从市场走势看，几乎每年都有一波行情。

道氏理论指出：指数的波动可以解释和反映市场的大部分行为。当市场上升的时候，上涨的个股明显增多；市场调整的时候，下跌的个股同样如此。

从实际市场观察，绝大部分个股波动与大盘保持同步，但有部分个股并不与大盘走势保持同步，且这些个股的走势具有某种共性，研究这些个股的共性有助于我们取得超越大盘的收益，这也是我们对此现象探讨的目的所在。

2. 空间的意义

我们从空间的角度出发，把盘整暂定义为，在周 K 线图上波动幅度在 30％以内，时间在半年以上的箱体。

一旦出现在 30％波动区间长时间横盘的个股，就说明其中很有可能已经有庄入驻建仓。但谁都不知道这个过程什么时候结束，如果你过早介入，是件很痛苦的事情，持仓期间弃之不舍食之无味，很可能还会在启动时被洗出。

你只需知道这种行为的由来即可，你心中无股，不必去关心此类股。当出启动行情时，你看了左侧的走势，如果**符合主力建仓已久模型，你的买入动作就更果断、坚决！**

第十三节

守住盈利!

世界上最难的事莫过于守住盈利！

对投资者来说，最危险的事情，莫过于企盼狂跌中的股票不会再下跌了（事实上它还在跌）！

对投资者来说，最痛苦的事情，莫过于企盼狂升中的股票不会再上升了（事实还升）！

股市中最大的悲哀：股价刚刚下跌时舍不得卖出股票！

股市中最大的忌讳：股价刚刚起动时就立刻卖出股票！

我们强调的就是追必涨之势，杀跌必跌之势（追涨杀跌）。

特别是短线操作要判断准确果断操作不能拖泥带水，**入市原则："生**

存第一，赚钱第二。"

操作原则：凶狠无情。

只做最符合自己最有把握的模型的涨停板，不为其他心动，耐心等待那获利概率最大个股的出现，无标的股心静如水，目标出现动如脱兔。

实战策略：

股价运行在下降通道中的股不看、绝对不做！

弱势中善于避险，要耐住寂寞空仓或者轻仓！

空仓最简单！但却最难做到！

炒股：时机是最关键的！

侥幸是加大风险的罪魁，犹豫是错失良机的祸根！

只做上涨的股票，只做上涨趋势可以节省时间、节省精力，避免损失，是顺势而为。用电脑把选股思维程序化：

股市中，机会常有，但对于投资者来说，手中没有资金，机会再好、再大，也没有意义。要想留住机会，首先要留住资金。只要有资金，在股票市场赚钱的机会几乎是无限的。股票市场就是一个永远向你开放的"聚宝盆"！

总之，有资金就有主动权！最好的股票最好的黑马就是你手中可以控制的钱！（想买谁就买谁）您说了算。

一旦确认动作要快、情绪要稳、操作要准、割肉要狠、下跌要忍住不买！

庄家控制股票的重要表现，就是均线系统的具体形态，均线乱如麻，说明该股主力没有实力，自己都不知道主向。均线多头证明主力信心十足，坚决做多，如果大盘强势上涨则是很好的介入机会，图形散乱的不买。

耐心等待最完美的图形出现，追击第一个涨停领头黑马！

在安全的前提下才可以操作。

绝不能够随意操作，随便按照自己的情绪交易，最后只会把自己辛苦赚来的血汗钱，都赔光在股市才会停止。

一定要珍惜自己的资金，只有经常持有资金才可以把握战斗的主动权。

很多人在趋势不明朗的时候就开始重仓操作，这是非常危险的，把自己陷于危险之地。在股市，这是非常不理智的做法。重仓操作的时候，一定要指数环境处于行情的上涨阶段，股票的上升阶段。

顶部阶段是快速赔钱的开始，投资者如果能够成功撤退，能够成功回避一轮大跌势，在中国股市就一定赚钱。

第十四节

对成功偶然性与必然性的分析

真正的高手总是认真仔细地分析总结自己每一次成功和失败的操作。只是他们的思路与常人有着根本区别罢了。

他们往往不是为自己的成功感到沾沾自喜，而是反复追问和考察自己的成功是否因为偶然的运气，抑或是完全依靠的是技术功力的必然。反之，对于自己失败的操作，他们总是斤斤计较、毫不放松地去寻找造成失败的必然原因，而绝对不会轻易地将自己的失败简单、草率地归结为运气不好，抑或是其他什么别的原因。

他们总是能够清醒地认识到失败一定是因为自己出了问题，而不会用偶然来开脱。

真正的专业短线高手，总是凭借自己坚信不疑的交易系统、严格按照铁定的操作纪律，去展开临盘实战操作。

他们绝对不把投资的成功，寄托在自己无法控制的诸如消息或政策一类的原因上。

他们深深知道自己的力量的渺小。

他们深深地懂得，既然自己不能控制市场和他人，那么就必须能控制住自己。一切的盈亏、成败完全是因为自己，并以此无比坚定的信心活跃在看盘、操盘的战斗最前沿。

他们永远是和自己人性的弱点战斗，并力图使自己与市场或庄家保持和谐，而不是狂妄地想战胜他们。

他们总是最好地利用市场和庄家，而绝对不是一厢情愿地妄想对抗市场和战胜庄家。

专业短线高手绝对不羡慕别人偶然的获利，他们更加痛恨自己偶然的成功。

他们存在的最重要价值，就是凭借自己高超的技术功力持续、稳定、长久地从市场获取属于自己的利润。

任何偶然或一时的成功，对他们来说都不具备意义。

第十五节

树立正确的短线操盘理念

短线操作从理论上来讲，属于赌博行为，当然短线靠赌，人人皆知，但赌有赌的方法。赌的点位一定是大幅上涨的概率较大，一旦成功上涨，股价就有可能加速上涨，连续拉涨停的位置。

短线赌博也不可能乱赌，也不可能去赌中国石油那些整年都不拉一个涨停板的超级大盘股，更不可能去赌那些破位之后有可能连续跌停的股票。总的来说，超短线操作应当选择流通盘市值较小的个股，同时走势较为活跃，最好该股动不动就喜欢拉涨停，而且介入的当天股价走势应当配合量价关系有强势上攻启动迹象，介入之后，股价就大幅上攻，甚至当天就有可能封住涨停板的股票。也就是短线赌博，打击的是有可能连续涨停的精确点位。

⊃ 短线操作必设止损位

赌场赌博有输有赢，股市短线操作同样如此。虽然短线操作赌的是极有可能连续拉涨停的股票，打击的是精确买点，但再高的技术分析，也是有对有错，也不可能百分百正确，因此短线设置止损位就显得尤为重要，特别是短线被套之后不止损，改为长线持股，更是犯了股市短线操作的大忌。因为符合短线操作的股票，走势都非常活跃，投资者要明白，股价涨起来凶猛，跌起来同样凶猛。更何况符合短线操作的活跃股多数出现在股价上升趋势中的股价相对高位，一旦赌博失败，投资者就有可能买在股价的阶段高点，后市股价一旦不幸回调，下跌幅度也会较深，投资者就有可能亏损惨重，或长期被套。所以短线操作，必须严格设置止损位，并坚定执行，止损位从买入价位计算，向下四个点必须止损，同时持股时间周期一般情况下从介入当天开始计算，三天不涨或不跌都应当出局，最多持股周期不能超过一周。因为我们打击的是精确点位，买入是因为该股有启动涨停迹象，或有连续拉升迹象时才考虑介入的，既然买入后三天之内没有连续大幅上涨，说明我们的判断已经出现错误。果断换股操作是最好的选择。

⊃ 短线补仓是最愚蠢的行为

符合短线操作的股票，多数出现在股价上升趋势的加速上涨途中，并且再高的技术分析，也只是概率，有对有错，错误在所难免，所以在操作短线活跃股票时，经常有追高的现象，后市股价一旦回调，往往回调较深，甚至有可能买在一只股票牛熊轮回的头部，而且上面讲到，我们买入的原因是因为该股当天有可能拉涨停或短期内有可能连续大幅拉升，我们才会选择买入，而买入后股价不涨反跌，已经说明我们判断失误，在判断错误的情况下再进行补仓操作，只会让我们错上加错，更加被动。一旦股价后市一路震荡下滑，转为大级别下跌趋势，投资者能有多少资金补仓，恐怕只会使自己进退两难，损失惨重，并极有可能将短线做成长线，最终后悔莫及。原本操作是短线思维，快进快出快速获利，结果却被动持股，落得个巨额亏损的无奈结局。

所以，学习操作短线强势股的投资者，要切记，短线追高不可怕。可怕的是追高之后不止损，更可怕的是追高之后不但补仓，而且不断加仓，错上加错，企图通过加仓摊低成本进行解套，一旦股价不幸拦腰斩断，岂不是陷自己于不仁不义。

短线操作，在选股上切忌"心中有股"！因为你心中有股，盘中看的亦仅有那几只早就选好的心仪的股，它一向上波动立刻就有买入的冲动。打个生动的比喻：那就是为了几棵树，放弃了整个森林！短线操作，就应该以当日活跃股票为标的物。

在所有 A 股中，只有当天形态、量能、均线组合、K 线完美的个股，才是能够引起你关注的要素！你必须掌握好形态分析技术，这一点非常重要。

第十六节

交易能力的训练方法

能力是必须经过训练，才会具备的。

　　怎么训练才是最正确的方法，举一反三走捷径，用最短的时间取得最好的效果，我认为要做个成功的涨停板捕手，必须先从分时走势上不买错训练开始。

　　根据我的实践，选股可以有预警选股、指标助力，成败却在分时研判能力上，这是必须完全靠自己的能力，才能做好的一件事，成败完全取决于此能力的高低。

　　找到自选股，一般在3%涨幅左右甚至更高。因为，一只欲突破、起行情的股，至少必须先达到两个条件才值得关注。

　　涨幅达到3%以上是第一个条件，第二个条件是量比达到3以上。只有这两个条件同时具备了，才说明今天有主力、大资金在做行情，而且成功的概率很大。

　　只有同时符合这两个条件的个股，才值得引起我们的关注，加入自选股中去仔细观察分时走势，看看最终是否值得我们买入。

　　个股引起我们注意时，其实它的涨幅已经在3%了，这价格位置高吗？不高！

　　因为我们的要求是它必须成功封板，涨幅从3%到10%的封板，这7%的上升过程，是今天主导行情的主力，用钱堆出来！

　　如果主导行情的主力操控分时能力不够，资金实力不够，指数环境不配合，都有可能让上涨半途而废，让跟风者吃大亏。这7%的上升之路充满风险。而且对主导操盘的主力而言，这才是最考验实力的。

　　这其中又分两类走势，一种是完全靠主力主导、中小散户跟风而合力做上去，这比较艰辛；一般走势是走台阶式上升。3%、5%、7%等位置形成分时台阶，股价波动依托上行状态的均价线，放量上个台阶，然后走"旗形分时走势"，高点逐级下移，低点逐级抬高，量逐级缩减，分时结构中上涨买入量增，回落时量减，运行到末端时放大量上个台阶。运行在5%～7%这一段区域的过程之末端时，如果量价配合，随时可能突破封板，这时一定要特别注意，此时如果巨单突破，必须立即跟进，买单价必须打涨停价位，否则直线上升中你根本买不到。一只关注了一天的心仪股最后却买不到，与它失之交臂，是件非常让人沮丧的事情，遇到多了会严重打击你的信心的。意志薄弱者甚至会知难而退，就此放弃这种战法。特别是后市表现特别好的股，主力会用扫盘方法让犹豫者买不到而痛失机会。

另一种就是最强悍主力的做法，或1浪，或3浪，或5浪结构封板。不管几浪封板，成功封板的前的观察重点是均价线是否同步快速上升！

均价线的上升角度（速率），并不完全是股价牵引，我观察到的应该是主动性大买单力度，能出现"双龙齐飞"分时结构走势的个股，上升过程中一定是买单巨大！

知道了成功封板股的这两种走势，第一步的训练就是看涨幅榜，用"多股同列"形式看分时，看那些各个时间段封板的个股走势。

久而久之，盘感自然出来了，当盘感到了能预知下一秒会怎么走时，你已经成功了70%。这时的你，离高手的境界就只有一步之遥了，因为买错往往是交易中最经常遇到的事情。到这时候，你就知道为什么我要让你先训练看分时封板能力。

不会在盘中因为误判、冲动犯错，这是一种能力，很少有人具备，很难培养。缺乏这种能力，你的交易成功率就不会高，只有完全具备了买入必封板的分时看盘能力，你才进入了成功之门。

在3%涨幅时，你同时看到并关注的10只股，最终你买哪只，买了后有巨单封板。这个必须具备了杰出的分时看盘能力后才能游刃有余地做到。

第十七节

成功交易的背后

交易者进入成功境界，是长期修炼的结果。

"个性只是长期的习惯所造就的。"——古希腊史学家普鲁塔克

"没有什么比习惯更强大的了。"——奥维德

人拥有知识是非常重要的，但是决定一个人行为的因素，不是知识，而是习惯，好习惯是保佑你成功的上帝！一旦习惯形成，就很难打破。

当一种态度变成习惯，我们就称其为习性。对大多数交易者来说，这些态度不是天生就具备的，他们也需要学习、开发和保持，直至这些态度成为他们的习惯。

修炼思维：思路决定方向。

1. 敬畏市场，市场不可精准预测，重要的是应对策略！

2. 如果你不能成为永续的赢家，曾经的胜利没有任何的意义！

3. 投资是自己的事情，别人只是参考，如果谁心中有了膜拜的神，就是悲哀的开始！

固定手法：要学会只做龙头，只做热点，只做涨停，并一定要敢于介入！

突破买入：底部突破、新高突破、整理平台突破、上升通道突破、拐点突破。

第十八节

预测、交易、交易系统

很多人可能不能很好地分清预测和交易的差别，以为能够很好地预测行情就是成功交易的关键。但实际上，预测和交易是完全不同的两个领域，所需要的技术、知识和技巧以及能够提供的相应服务，以及追求的境界都有很大的不同，预测的着眼点是过去价格与未来价格的关系，使用的大部分是主观的分析技术，像形态、波浪、趋势线、K线组合的研究等等，希望从过去的价格变化中找到价格变动的规律以能够准确预测未来价格和价位的变化；预测追求的境界是尽可能对。

如果没有交易系统的帮助，交易者可能需要很多年的摸索，才能使自身的心理素质，达到成功投资所需要的水准。但在交易系统的帮助下，这一过程有可能大大缩短和加快。

交易者可以依据自己对信号系统的执行程度，来判断自身心理素质的健全程度。当交易者能够长期准确全面地执行交易系统的全部操作信号，也就可以说，交易者已经真正推开了迈入成功殿堂的大门。

交易者由准确无误的操作，而得到的投资心理素质的锻炼，使他面前不再有任何不可逾越的障碍。**这种勇于面对自我的能力，将使交易者排除人性中许多不利面的影响，将投资成功简化为一个纯粹的技术性的问题。**

历史上和当代许多著名的投资家，**依靠的都是机械的交易系统进行投资操作。有些取得了相当的成功。因此对于心理素质和投资方法都还不十分成功的普通投资人来说，使用和采纳交易系统进行系统交易将是取得投资成功的一条捷径。**

第十九节

超级大题材的助涨作用

纵观 A 股历史上层出不穷的各种题材，从一日行情到跨越季度的暴涨，再到跨年度大牛行情等各种炒作周期均有出现。那么如何才能抓住有持续表现的题材龙头股呢？

➲ 第一，要抓就抓大题材

大题材一定要具有如下几种特质中的一种或几种。

1. 新鲜感

越新鲜的题材越容易引起连续爆炒。诸如亿思达发布的全息手机，乃是全球首款全息手机，其新鲜程度非同一般。由此便引起了长达一个月之久的全息题材炒作行情。

2. 政策支持力度

从 2012 年年底至今高铁板块已然走出一波长牛行情，龙头股特锐德、北方股份、鼎汉技术等在近两年的时间里涨幅均已高达 4 倍。自 2012 年至今，国务院总理李克强已经成为我国高铁的象征意义上的推销员，可见政府对高铁的支持力度有多大！政策的强力支持给了高铁板块无穷的想象空间，从而催生了长达两年之久的高铁大牛行情。

如今云计算、大数据亦被提升到如同之前高铁一样的政策高度，由此可以想象，云计算、大数据后市有望接棒高铁成为 A 股新的跨年度大牛题材。

3. 盈利预期

周期性行业产品价格触底反弹，催生关联性上市公司盈利预期大幅增加，传导至股价上便诞生一批涨价题材股。2012年至今草甘膦、分散染料等周期性产品的持续涨价催生了江山股份、新安股份、闰土股份、浙江龙盛等一系列跨年度持续大涨的"涨价题材龙头股"；镍涨价、锌涨价、钼涨价等等更是催生了小金属涨价题材的轮番拉升。

4. 需求空间

诸如地震、台风、水灾、传染病毒等天灾人祸容易引起诸如救灾、重建、对应治疗药物等相应板块的需求预期短期内骤然增大，随之便会催生相应的题材股遭资金爆炒。地震、非典、禽流感、甲型H7N9、埃博拉等灾害都催生了相应题材的市场炒作。

➲ 第二，要抓就抓大题材中的龙头股

所谓题材龙头股，反映到行情上可以从以下两种角度来看：

1. 和该题材关系紧密，多数时候这种股票容易引起持续爆炒。

诸如深天马A是当之无愧的全息手机龙头股。2014年7月16日，深天马A在其官网上公开宣称，为亿思达全息手机提供最核心的液晶透镜3D显示器件，由此便引起深天马A长达一个月的单边大涨行情。可见和题材的关联性与该股的炒作程度是成正比关系的。

2. 行情龙头股。

本文所说的行情龙头股指的是，题材发动过程中，广大投资者根据以往的炒作经验，单纯地套用类似龙头股来炒作，而不管其和该题材的关联性。诸如禽流感、甲型H1N1、甲型H7N9、埃博拉等突发题材炒作过程中，莱茵生物这只股票每次均遭市场资金爆炒，成为相应概念的行情龙头股。但行情爆炒之后莱茵生物随即澄清和相关题材的关系，其炒作亦戛然而止。

可见行情龙头股的炒作有其不稳定性，随着对题材的去伪存真，如若没关联，行情龙头股随时可能停止炒作。所以发掘题材龙头股还是从

股票和题材的关联度为主要标准为好。

⊃ 第三，若题材龙头股见顶要坚决止盈离场

当热炒题材的龙头股见顶之时要坚决出局，保存胜利果实，不要再对该题材存有任何幻想。然后去耐心寻找下一个大题材以及题材中的龙头股。2013年贯穿全年炒作最火的题材当属手游，但随着龙头股中青宝的见顶回调，该题材的辉煌时期也就成为历史了。虽然之后诸如顺荣股份这种转型游戏的上市公司再度走出大牛行情，但大都是单打独斗，不能形成强势的板块效应。

⊃ 第四，注重题材，但更要注重盈利性

实质涉及车用尿素业务催生四川美丰2012年年底至2013年年中走出一波翻倍大牛行情。但随着2013年中报业绩大幅预减，该股的炒作行情亦随之到头了，而后在不到两个月的时间里该股便被打回了原形。染料的持续涨价促使闰土股份连年保持高盈利性，而该股的行情亦一波接一波，走出连续翻倍的跨年大牛行情。

无论是什么题材催生牛股大行情，从技术上判断，其起涨点一定是涨停板！

龙头股在当天起到了领涨作用，判断的依据很简单：最完美！技术形态完美、量能配合完美。如果你在启动涨停板日已经买入，且在收盘后的网络信息中了解得很透彻，之后持仓就是最好的选择。

如果用均线群走向判断，只要3天均线不走平、3天均线不死叉，5天均线就持仓，这样做更是为了避免因为不能吃尽一波行情而中途被洗出，不看分时走势以收盘为买卖依据。

第二十节

职业高手与业余高手的区别

职业高手和业余高手都能赚钱。

而且业余高手赚钱的速度和幅度，在某个时间段可能大大超过职业高手。但他们之间有个重要的区别，就是职业高手赚了钱不回吐，或者说利润回撤的幅度小，资产曲线处于不断创新高状态，常人感到不可思议之奇妙状态。

业余高手，既然称是高手，就是经常也能大赚大挣，赚钱的速度和幅度有时也是超常规，可惜守不住，这是唯一的也是致命的弱点。牛市股神熊市打回原形的"高手"，笔者见过太多太多。一个业余高手最终能晋级成为真正的高手，最难度过的就是回撤大劫，一旦跨过则将来在投资领域必有大成就。

控制回撤，最重要的就是仓位管理，弱市中保住本金，但为了保持盘感，可小仓试水，强势市场时大胆出击，全仓滚动操作。

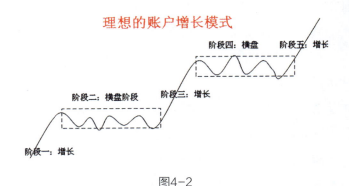

理想的账户增长模式

图4-2

图4-2才是理想的资金曲线图，能始终保持此状态，不管时间长短，

你都是真正的高手。

图 4-2 告诉我们两个道理：

第一，一个人的账户是不可能一直持续增长的。否则的话，没几年，你就是大富翁，世界就可能是你的。你的账户不可能一直增长，你不可能每日都赚钱，你不可能在每个月都赚钱，两三个月都不赚钱都有可能。

第二，为何你的账户会存在一个时期的震荡？为何在这段时期，你的账户不能增长了？原因就是：

（1）任何一个人的交易系统都有盲区，任何一个人的系统都不可能适用所有行情。在这个盲区，你的系统和市场走势是不匹配的，你的系统不适合这个行情，所以资金无法增长。把止损设得要小一点，采取的策略是宁可错过，不可做错。此时要达到的目的，就是保证你的账户不能出现明显回撤。

过去几十年，美国开发了无数个系统，都无法找到一个适合所有行情的系统，在未来也不可能，这种系统根本不可能存在。所以你的系统也一样，不可能适合于所有行情，总存在盲区，聪明的人会认真思考，努力让自己适应新的市场状态。

（2）市场在大部分的时间段是震荡行情，震荡行情之中，大部分又是无规律的走势。这意味着，在大部分的时候，市场是无规律的，而要想做交易赚钱，靠的是确定性的走势，前提是市场必须要有规律。这就决定了，在相当一部分的时间段，我们根本无法把握市场的规律，于是我们无法赚钱。

（3）趋势行情中总有回调。如果你是做趋势的，那么行情也不是一步就到位，而是波浪式的上涨，大部分时候在调整震荡。如果你的持仓一直不变的话，在账户上就显示出阶梯式的上涨。

面对市场调整时间段，我们怎么办？

我们能提前知道市场进入了调整时间段，当然我们肯定必须休息。

但市场调整时间段的初期，我们并不知道，只有到了市场调整时间段中期，我们才可能确认到了市场调整时间段。

因为当你的交易系统与市场的环境匹配的时候，你赚了好多；此时你的信心大增，认为你的系统将适合任何行情，将大赚。所以，起初市场调整时间段，你不容易察觉，甚至难以察觉出来。而且起初市场调整时间段，行情还没表现出明确的无规律现象，所以在市场调整时间段的初期，你很难提前察觉。

如何避免市场调整时间段易犯错？

在不适合你交易系统的时间段，你要避免做交易，尤其是当你做单不顺的时候。例如连做了几单都是止损出局，此时市场环境很可能不适合你的交易系统，此时你必须休息，及时离开休息，观望，做一个旁观者。这就是针对你的第一个问题，不知道何时进入市场调整时间段，当你做单子开始不顺的时候，你的资金震荡期可能就来了。

另外就是当交易顺利时仓位重，不顺利时仓位极轻，保证我们在亏损的时候，损失很低；在盈利的时候仓位大，实现了仓位上的盈利。

把止损点设得要小一点，比如5%，采取的策略是宁可错过，不可做错，此时要达到的目的，就是保证账户不能出现明显回撤。

你的心态不是赚多少钱，而是先保证不亏损，在保证不亏损的情况下，只要抓住了以后一波行情，账户就飞起来了。亏损多少，取决于我们自己；但赚多少，部分取决于市场。

我们能做的，就是保证我的账户不能出现明显的大回撤。我们可以控制损失，但我不能保证我能赚多少钱，不能保证这个月赚多少钱，更不能保证明天赚多少钱，因为我无法控制盈利，这个主要取决于市场给我们多少机会。在不顺的时候，我的任务是控制损失，严控回撤，将利润锁在抽屉里；在判断正确的时候，放飞利润，让利润在广阔的草原上自由奔跑。

第二十一节

技术分析的最高境界——盘感

任何一门技术，都是科学，唯有炒股不是一门科学，而是一门艺术。

炒股，你每天遇到的大盘、个股，都没有固定的答案。同样的技术分析，在这个股票上，是对的；放在别的股票上，就是错的。甚至是同一个股票上，3 个月前这个技术是对的，现在用却是成了错的。

技术分析的本质是什么？就是通过可以看到的信息，用已有的知识去辨识，并得出结论。大多数人的梦想是什么？是技术分析学到一定的境界，可以点石成金。

达到技术分析的最高境界，就是盘感，对盘面的超前感觉。

要想获得真正的成功，你必须让自己培养出一种敏锐的盘感。而这种盘感，就像佛教一些高僧坐化后的舍利子一样，异常珍贵。

就算有了这样的盘感，离成功还很远。你还得控制你的贪婪、恐惧、赌性等种种情绪。就像那些真正超一流的短线高手，他们隐藏在民间，他们学的技术分析也许你也懂，但你没他们的盘感。就算你有了这样的盘感，你也没有他们那种极端的自控力，空仓忍耐的毅力。他们不轻易出手的，但只要出手，都是必杀一击！

盘感的确很重要，甚至还很神秘。但你只有在具备技术分析的能力，以及长期在盘面浸淫、历练之后，才可能幻化出刹那间的灵光一现，所以，跟盘并不是轻松的活计。

看盘，看什么？看盘的重点在看分时走势上！

选股，是在 K 线图上做选择，可以由你的交易系统帮助判断，但同一时间段，选出 K 线图上相似的 10 只股，收盘未必能全部封板。

这是因为，当你开盘不久选出时，K线图上的表现都很好，市场中有众多的中小散户高手，他们各自相中心仪股在买入，但毕竟中小散户资金量有限，人心散，时间长了、股价到了一定涨幅就不再追高，都想让别人抬轿自己享受。问题是，谁愿做傻瓜呢？这就是为什么很多个股分时走势之前走得很好，平台放量突破却无功而返的原因。

长期看盘培养出来的盘感，能从细节中判断出谁有大资金在吸筹，最终能封住板，因为有大资金运作的个股，与仅仅靠散户交易的个股，是完全不同的，区别则需要自己靠盘感。

当你真正培养出了良好的盘感，对你的交易成功率极有帮助。除了分辨真假拉升、对倒陷阱外，最重要的是能预感到主力在下一秒将做什么，尤其对"追板族"而言，能提前一秒动手太重要了！

盘感怎么培养？没有捷径，唯有用心，分时图看多了，时间长了感觉自然就到位了。最正确的做法是，训练盘感从涨幅前列个股开始，盘中看强势股怎么涨停的，为什么有些股失败，自己的预测与最终的结果是否相符。盘后看跌幅榜前列个股的图谱即可，为自己的卖对做积累，尤其对提高自己的止损能力有帮助。

训练从分时走势起步，比从K线开始更好，开盘K线与收盘K线很不一样，就连均线、指标，开盘涨2%～3%与收盘时涨10%，就完全不一样，这就是很多板后选股的人，之所以习惯在收盘板后选股的原因。

毕竟板后选股与你板前买入，在主动性上就差得太多：板前买，次日可以在任何价位出局，有很多股第二天尽管跳空高开似乎很强势，但封不住板被卖盘打压收阴，并不少见，尤其是遇到指数高开低走，这种情况最多可以让你损失20%！

喜欢板后买股的人，究其原因，缺乏的就是分时看盘能力，当天无法分析，只能等收盘确定了再做决策。

许多"追板族"在追板这件事上永远不成功，其中原因之一，就是

板后选股、迷信题材之故。

个股不能封板次日大跌，最重要的一个原因是获利盘多。突破当天，旧获利盘被扫，同时亦产生了新获利盘。新获利盘中相当比例是做追板超短交易的，因为选股是他们的强项，不怕卖错，所以板后追才是真正意义上的追高，你做的是"接盘侠"，风险极大。

第二十二节

提高操作能力的必需课

复盘，指的是当天收盘后对涨跌幅榜个股的翻看。如果你至今尚未养成这个良好的习惯，那是必须要改正过来的。

复盘，能让你对当天的整个市场板块、个股的运行，有个详细的了解，因为盘中你未必有时间去充分了解，收盘了时间充裕了，你可以静下心来做这件事情了。

对我们而言，**主要是看昨天的涨停股们在今天的赚钱效应，哪一类涨停股次日有肉，哪一类股持续有肉**。昨天买进的人今天能赚到钱，这就是赚钱效应。反之，如果昨天涨停的今天都被闷杀，或者跑路的时间不多，那么你就得怀疑这个市场环境是不是出了什么问题。

比如本来之前连续连板、一字板的小盘股，当日却突然快速跌停，这时候你得注意小盘股风险了。这就是盘感，是自己长期复盘和与市场天天对话的结果。

很多股民希望得到武林秘籍，希望学到绝招后一劳永逸，这是不现实的。市场一直在变，操作模式一直在变，被市场淘汰的资金数不胜数。很多游资比大家想象中刻苦很多，他们付出的努力不是间断的，而且是持续的，多少年如一日的坚持贴近这个市场，不是在幻想意淫中浪费时间，而是不停地在尝试与市场对话，这就要靠长期、每天的复盘。

收盘后，把涨跌幅榜前列5%的个股翻看一遍，就是为了培养自己对市场的整体感知力。

复盘之大忌：看盘的时候只看自己的股，复盘的时候还是只看自己的或者自己想买的股，意淫，主观。这不是你们的错，这是人性使然，在生活中，也只有少数人可以做到站在别人的角度，试图站在对方个性的背景下，来为对方思考问题。

昨日涨停板今天的赚钱效应，对今天市场高手的交易情绪影响很大，如果群体表现好，今天的买入就会充满信心，更加大胆、激进，反之则犹豫，宁可错过亦不下手。

因为现在市场中的高手群体庞大，关注的目标又相对一致，因此，**你必须站队于一流高手群体内，思维与他们同步，行动与他们一致才行。**

无论是盘中，还是复盘，对市场中的二八转换现象，是绝不能忽视的。**权重股的上拉容易引发题材股的跳水**，如果昨天涨停今天闷杀，说明大盘赚钱效应太差，这时候就应该空仓休息。

看盘是在训练你的情绪控制，对贪念和恐惧的控制力，而**复盘是考验你的勤奋度，累积对市场的熟悉度，对市场整体有个感知，是基础。**

两者都重要！你在看盘的时候，很多股票拉升你都不知道炒啥的，这就是复盘不到位了，连基础都没有；而且盘感的训练，是看盘和复盘同时作用的结果，缺一不可。

对学习交易涨停技术的人而言，复盘主要看涨停股。

坚持几年如一日地复盘，打无数"烂板"还能坚强不屈的人基本都能学会。

实际上，有些人想学打板，打了几个板后，亏损得心理无法承受，无法果断地割肉纠错，在反复自救中浪费时间精力，也没法坚持每天细致复盘，最后放弃成了唯一的选择。

因为打板这个模式毕竟是小众的，如果你感到不适合，可以换其他适合自己的模式，我从来不觉得我这种模式是最好的，只是希望能给可能适合的人带来一点帮助。

打板不分市场牛熊，都可以打，当然熊市打板的技术要求更高，对时间点的选取更加苛求，情绪控制不佳的人很容易爆亏。

我也是在 2006 年之前艰难的那几年中逐渐成长起来的，觉得那一段熊市真是太有用了，让自己对市场有了绝对的敬畏。

追板，过滤掉了自己主观意识上对市场预判错误的风险，完全尊重市场，上板的那一刻是市场合力对其最后确认的那一刻。

板封不住被砸开怎么办？市场确认后又不认同了怎么办？这就是要优化自己能力的地方，你打板不仅基于对当天市场的判断，而是通过当日看到的行情，对次日市场做预判，判断次日这个板块题材是否可以延续，今天的市场资金最终是否认可它，这就是一些"烂板"股尾盘再被巨量封板的原因。

首先，你必须明白，你打板不是为了打板而打板，如果看到会封板的股就去打，牛市还可能维持收益，熊市是彻底地爆亏。

你追板，是因为这只股的形态好，有题材，是板块领涨龙头，市场环境又不错，机构、游资又在大力买入，因此，你才加入抢筹队伍里。你参与的是确认的盛宴，而不是赶上去买单，做"接盘侠"。

什么情况下可以打板，按照重要程度排序是这样的：

第一，**市场氛围，这是重中之重。** 如果跌幅榜上躺着众多跌停或者大跌 5% 以上的个股几百个，意味着市场氛围很差，大环境不好，这时候要小心，绝不轻易出手。而且必须得站队正确，要对明天的炒作方向有个初步预期，是主板还是小盘？

第二，**心仪个股的人气、股性。** 也就是说，该股历史股性好，"大众情人"，经常涨停，第二天还能不闷杀。如果可以，尽量打这种人气板，每个阶段都有这么几个人气股。有时候人气、市场追捧热烈，比题材、形态都重要，这就是"妖股"的生长土壤。

把握大的时候看到点火时就确定了，不等冲板。把握不大的时候，就等冲到板的时候观察合力情况，决定上不上。把握小的时候，等涨停刚封时下单去排，观察市场认同情况，随时准备撤单或者不撤单。至于这些怎么判断？这取决于你的经验、盘感。

第二十三节

你必须知道的一些道理

市场总会是牛熊交替，涨跌交替，周期循环，这是自然规律。

这年头，中国股市最大的特点，就是指鹿为马，指鹰为鸦，指熊为牛，指自己的愚蠢为别人的错误，这些在股市中习以为常。还有些人克服不了贪婪，知道了真理也没有用，道理谁不懂。懂得真理是不够的，想发达，必须坐言起行。

破市场敌易，破自己的心中敌难！

做股难，买个赚钱的股难，做个持续赚钱的高手难上加难！

要想轻松，就得学会适当的时候休息，看市场退潮，然后等新一轮上升确认，又重新进场。市场每每一跌，大家就沮丧，听不得防范风险的话，这态度不好。

很多人不明白，一轮下跌，就是给未来能够脱颖而出的强势股创造机会，你就得靠这个来赚钱。

在市场，能够进退有度的人算是厉害了，如果知道市场要涨起来了，那就一定要买强势股；能耐得住寂寞，市场难伤到你。

要在市场混得好，你得积累经验。有经验，就可以减少失误，就不会陷入很多不必要的麻烦里面，而意外遭受重挫。减少失误还不够，如果你股龄够长，就明白，要在市场混得更好一点，还要会尽快处理失误。中一枪算是倒霉的，不快速处理，一般都会搞成残废，也有拖成半身不遂的，那基本叫废啦。

当你的交易做得很好时，你一定是做交易的方式与市场阶段相符，市场所处阶段又同你的交易方法相符。当你的交易做得不好时，情况是这样：市场是大爷，它变来变去，你已经跟不上趟啦，你已经快被玩成白痴啦，中弹后连是谁下的黑手都不知道。

唯一摆脱这个尴尬局面的办法，就是先逃出来观望再说。很多交易者在被打得摸不清方向时，采用的只是站在市场里不动逆来顺受不作为，直到一轮股灾过去后，资金大幅缩水时才心惊肉跳后悔不已。

大道至简。简单明快的东西容易执行，容易心手合一并形成本能的习惯。大家常用的那些方法，基本没用，或者不足以支持你成为胜利者！我想大多数人的投资结果已经证明了这点！

投机技术，没有最好的，只有最合适的。

跟着市场走比预测市场结果要好，追求稳定复利比幻想暴利意外要好，顺势而为的比死多死空的要好，可操作性的确定机会比诱惑强的赌博要好。

在实际操作中，越是低手越对获利要求高，因为不这样无法扳回自己过去的损失；越是高水平的炒手越是轻松随意，还常常有意外的运气光顾。

股市就是这样，越累越努力，越在半夜还在看图表，心跳与 K 线越同步，赔得越多。

即使是高手，在大多数时候，或者在一个时候对于大多数品种也迷惑，看不清楚，看不清楚就不做。

高手之所以是高手，就是敢空仓一部分时间，当市场机会来临，大胆下手，去赚取属于自己的利润！

交易之道，刚者易折。唯有至阴至柔，方可纵横天下。天下柔弱者莫如水，然上善若水。

成功，等于小的亏损，加上大大小小的利润，多次累积。做到不出现大亏损很简单，以生存为第一原则，当出现妨碍这一原则的危险时，抛弃其他一切原则。

因为，无论你过去曾经，有过多少个100%的优秀业绩，现在只要损失一个100%，你就一无所有了。**交易之道，守不败之地，攻可赢之敌。**100万元亏损50%就成了50万元，50万元增值到100万元却要盈利100%才行。

每一次的成功，只会使你迈出一小步。但每一次失败，却会使你向后倒退一大步。从帝国大厦的第一层走到顶楼，要一个小时。但是从楼顶纵身跳下，只要30秒，就可以回到楼底。

在交易中，永远有你想不到的事情，会让你发生亏损。需不需要止损的最简单方法，就是问自己一个问题：假设现在还没有建立仓位，是否还愿意在此价位买进。答案如果是否定，马上卖出，毫不犹豫。

逆势操作是失败的开始。不应该对抗市场，或尝试击败它。没有必要比市场精明。趋势来时，应之，随之。无趋势时，观之，静之。等待趋势最终明朗后，再动手也不迟。

这样会失去少量的机会，但却赢得了资金的安全。你的目标必须与市场保持一致，顺应市场的趋势。如果你与市场保持一致，利润自会滚滚而来。如果你看错了趋势，就得使用古老而可靠的保护伞——止蚀单。这就是趋势和利润的关系。

操盘成功的两项最基本规则就是：停损和持长。一方面，截断亏损，控制被动。另一方面，盈利趋势未走完，就不轻易出场，要让利润充分增长。多头市场上，大多数股票可以不怕暂时被套。因为下一波上升会很快让人解套，甚至获利。这时候，买对了还要懂得安坐不动，不管风吹浪打，胜似闲庭信步。交易之道的关键，就是持续掌握优势。

快速认赔，是空头市场交易中的一个重要原则。当头寸遭受损失时，切忌加码再搏。在空头市场中，不输甚至少输就是赢。多做多错，少做少错，不做不错。在一个明显的空头市场，如果因为害怕遭受小损失而拒绝出局，迟早会遭受大损失。一只在中长期下降趋势里挣扎的股票，任何时候卖出都是对的。哪怕是卖在了最低价上。被动持有等待它的底部，这种观点很危险，因为它可能根本没有底。

学会让资金分批入场。一旦首次入场头寸发生亏损，第一原则就是不能加码。最初的损失往往就是最小的损失，正确的做法就是应该直接出场。如果行情持续不利于首次进场头寸，就是差劲的交易，不管成本多高，立即认赔。希望在底部或头部一次搞定的人，总会拿到烫手山芋。熊市下跌途中，钱多也不能赢。

机构常常比散户死得难看。小资金没有战略建仓的必要，不需要为来年未知行情提前做准备。不需要和主力患难到底。明显下跌趋势中，20～30点的小反弹，根本不值得兴奋和参与。

有所不为才能有所为。行动多并不一定就效果好。有时什么也不做，就是一种最好的选择。不要担心错失机会，善猎者必善等待。在没有大机会的时候，要安静得如一块石头。

交易之道在于，耐心等待机会，耐心等待最有利的风险／报酬比，耐心掌握机会。熊市里，总有一些机构，拿着别人的钱，即使只有万分之几的希望，也拼命找机会挣扎，以求突围解困。

我们拿着的是自己的钱，要格外珍惜才对。不要去盲目测底，更不要盲目抄底。要知道，底部和顶部，都是最容易赔大钱的区域。

当你感到困惑时，不要做出任何交易决定。不需要勉强进行交易，如果没有适当的行情，没有胜算较高的机会，不要勉强进场。股市如战场，资金就是你的士兵。在大方向正确的情况下，才能从容地投入战斗。

要先胜而后求战，不能先战而后求胜。投机的核心就是尽量回避不确定走势，只在明显的涨势中下注。并且在有相当把握的行动之前，再给自己买一份保险（止损位摆脱出局），以防自己的主观错误。

做交易，必须要拥有二次重来的能力，包括资金上、信心上和机会上。你可以被市场打败，但千万不能被市场消灭。我们来到这个市场是为了赚钱，但是这个市场却不是全自动提款机。

进入股市，就是要抢劫那些时刻准备抢劫你的人。股票投机讲究时机和技巧，机会不是天天有，即使有，也不是人人都能抓住。要学会分析自己擅长把握的机会，以己之长，攻彼之短。有机会就捞一票，没机会就观望，离开。如果自己都不清楚自己擅长什么，就不要轻举妄动。与鳄共泳有风险，入市捞钱需谨慎。

做交易，最忌讳使用压力资金。资金一旦有了压力，心态就会扭曲。你会因为市场上的正常波动而惊慌出局，以致事后才发现自己当初处于非常有利的位置。你也会因为受制于资金的使用时间，在没有机会的时候孤注一掷，最终满盘皆输。资金管理是战略，买卖股票是战术，具体价位是战斗。

在十次交易中，即使六次交易你失败了，但只要把这六次交易的亏损，控制在整个交易本金20%的损失内，剩下的四次成功交易，哪怕用三次小赚，去填补整个交易本金20%的亏损，剩下一次大赚，也会令你的收益不低。

你无法控制市场的走向，所以不需要在自己控制不了的形势中浪费精力和情绪。不要担心市场将出现怎样的变化，要担心的是你将采取怎样的对策回应市场的变化。

判断对错并不重要，重要的是当你正确时，你获得了多大的利润；当你错误的时候，你能够承受多少亏损。

入场之前，静下心来多想想，想想自己有多少专业技能支撑自己在市场中拼杀，想想自己的心态是否可以禁得住大风大浪的起伏跌宕，想想自己口袋中有限的资金是否应付得了无限的机会和损失。

炒股如出海，避险才安全。海底的沉船都有一堆航海图。最重要的交易成功因素，并不在于用的是哪一套规则，而在于你的自律功夫。

时间决定一切。人生并不只是谋略之争，某种程度上也是时间和生命的竞争。巴菲特多活10年，每年哪怕只有5%的持续盈利，其财富的总增长，也足以笑傲天下。

第二十四节

识时，有助于提高交易成功率

我们学好了技术是来赚钱的，虽然有买卖快感却赔钱是绝对不行的。

技术，保证的是获利概率。技术能力有多强，获利概率就有多高。

但是，因为个股走势与市场环境关联度高，即便是当天主力介入深、启动形态完美的个股，有时也避免不了次日收长阴，启动失败。

这种情况的发生，往往与当天市场环境有关联。这关联不是因为当天指数收阴线或中阴，最可怕的日子，是跌幅榜前列的个股都是昨日涨停股！这种日子虽然不多，但牵连性强、杀伤力很大。遇上这种日子，即便是对做启动板的人而言，尽管你的选股概率很高，但市场环境恶劣你的个股亦难逃被闷杀的命。

现在每天都有四五十个涨停股或更多，这些涨停板具体可以分类为，利好刺激一字板，启动板（一板）、二连板或更多连板等。除了"暴力"的一字板，最容易闷杀"追板族"的是高位板、板后板。

我曾经介绍过，大部分追板族并不是买启动板的，而是板后追。我不否认，二连板或三连板出现后能确认主升有效，但这种做法也是把双刃剑，伤敌也易伤己。

市场环境好，板后都续涨，都有赚钱效应，这种日子是最好的，如果遇到当天跌幅榜前列都是昨天封板股的日子，你必须警惕了！这种群体被闷杀的情况，很快会引起追板高手的警惕而纷纷采取自保手段，夺路而逃现象越来越严重，股灾时就成了践踏，此时的你如果仍然不知不觉心存幻想，"吃大面"是很正常的事情。

开始的时候，一定是高位板们低开低走，或集合竞价后昨天涨停股群体低开，这两种现象一旦爆发，预兆着今天这个群体收阴概率70%甚至更高。如果你是持仓，除非特别完美的股，其他尽可能还是逢高出局为好，如果仅仅只是昨日涨停板群体大跌，指数环境并不差或太差，那情况还不是太糟糕。如果指数也恶劣，那就更需要及时止损出局，尽可能让损失最小化，如果低开回升还有回到昨天收盘价附近的机会，你千万别错过卖出机会！很多高手也都在虎视眈眈地等待着这个机会呢。

在这种日子里，最正确的交易策略是，兑现利润、做好止损、不再寻找个股买入机会。

个别特强势股虽然仍会特立独行，高开高走但不会封板，冲高回落是常态，见图4-3。

图4-3-1

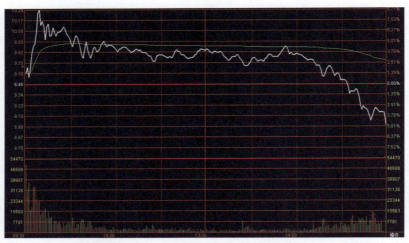

图4-3-2

如果板后追高，当天亏损会很惨烈。因此，不心存幻想，尽量少亏损出局避险最佳。

第二十五节

揭秘"八年一万倍"赵强选股绝招

见贤思齐，是成功交易者身上最优秀的品质。

质疑成功者的人，只会陷入"鬼打墙"状态找不到出路，永远不会迈入成功之门！

自己号称"八年一万倍"的绍兴银河证券营业部赵强，淘股吧网名："赵老哥"，他的事迹经各大媒体报道后，不信者占90%，但我坚信是真实的。

其实他有多少钱并不重要，重要的是为什么他从2008年入市至今，会取得这么大的成绩。

大家都知道，2008 年到 2015 年中，股市大部分时间段是熊市，从恶劣的熊市环境中奋斗出来的高手，到了牛市环境中自然如鱼得水融资大干了，这就是最后两年他资产增长特别快的原因。

交易失败—丧失信心—缩手缩脚—动辄做错—越小心越错—永无成功希望；交易成功—固定模型—复制成功—充满信心—环境不好小仓位—环境好融资上 = 八年一万倍的赵强。这线路图，就是"韭菜"与高手走的不同路径。

不怕你是股市"菜鸟"，就怕你是"韭菜"性格！聪明的"菜鸟"，时间能让他破茧成蝶，最终成为股市老妖；生就"韭菜"性格，这次被割了，不思进取依然故我，一定再次被割，这是宿命无处可逃。

赵老哥的交易模型固定，就是打板。开始只是做"一日游"，以后资金大了也做中线。虽然他不会公开交易绝技，但我们可以从公开信息中剖析。

每天看最强游资们在买什么股，是交易者学习选股技术最好的老师。有了龙虎榜单揭秘，你就知道了在当天市场环境下，最强游资们在选择什么类型的股交易。

看龙虎榜单看什么？看的是最强游资们的选股思路，而不是通过看上榜席位来判断第二天的涨跌、追涨！通过看实力游资当天的选股，来跟自己当天看盘关注标的股作比较，如果契合，则肯定了自己交易行为的进步。而大多数人走进的误区，却是通过上榜席位来判断第二天的涨跌，实际上次日走势大多跟前一日的席位关联性并不大，已经上榜的席位大多不会再继续买入动作，反而可能因习惯性的"一日游"手法拉高出货。

"赵老哥"赵强他自述在中国神车上赚了 5 个亿，2015 年被闷杀的 2 只股也是他做中线的证据：

000720 新能泰山，是他在股灾前介入的个股，做中线持仓虽然连板很爽，但很不幸突然停牌被关了，复牌之后的补跌很残酷，7个跌停板后才有了出局机会，当然这已经是三季度的事情了，从该股三季度十大流通股东名单上，果然看到他的退出，见图4-4。

2015-09-30较上个报告期退出前十大股东有				
中国农业银行股份有限公司－富国中证国有企业改革指数分级证券投资基金	6015.26	1.65	无限售A股	退出
华润深国投信托有限公司-龙信基金通1号集合资金信托	2632.61	0.72	无限售A股	退出
徐琦	1923.21	0.53	无限售A股	退出
赵强	1351.64	0.37	无限售A股	退出
张素云	1086.58	0.30	无限售A股	退出
周卫红	882.87	0.24	无限售A股	退出
中国工商银行股份有限公司－国投瑞银瑞福深证100指数分级证券投资基金	823.51	0.23	无限售A股	退出

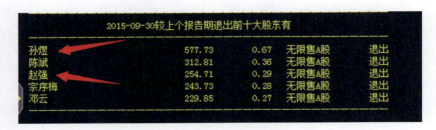

图4-4

000778新兴铸管，是6月份他买入的一只牛股，亦是停牌被关，一直到三季度才有出局机会，见图4-5。

2015-09-30较上个报告期退出前十大股东有				
孙煜	577.73	0.67	无限售A股	退出
陈斌	312.81	0.36	无限售A股	退出
赵强	254.71	0.29	无限售A股	退出
宗序梅	243.73	0.28	无限售A股	退出
邓云	229.85	0.27	无限售A股	退出

图4-5

与他同命运的孙煜，就是活跃游资排首位的“上海溧阳路孙哥”。

绝顶高手未必每笔交易都经典，我们要学习的是他最经典的交易！

以赵强2015年6月2日买入的新能泰山为例，见图4-6。

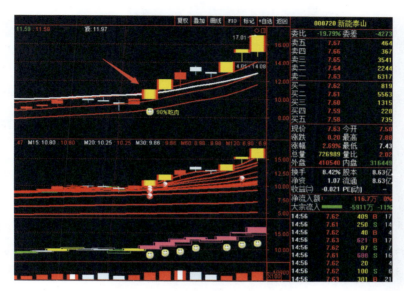

图4-6

2015年6月5日他买新兴铸管，见图4-7。

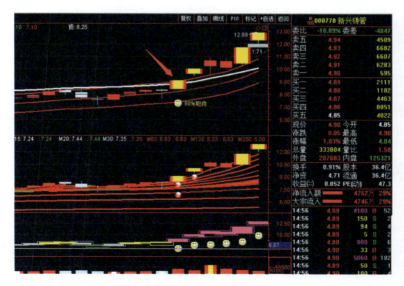

图4-7

看了图 4-6、图 4-7，是否有种完全相似的感觉？这就是赵强能够做到"八年一万倍"的原因。**简单的事情重复做，复利铸就辉煌**。

这种模型 90% 次日获利，熊市牛股、牛市主升浪大牛皆符合！

要成为股市高手，学习最牛交易投巧，固化自己的交易模型是捷径！

固化了交易模型，符合条件的个股现在每天交易中都会有出现，当然，能眼明手快买到的前提是，提前观察做好准备。

临渊羡鱼，不如退而结网。有赵老哥榜样在先，你未必不能成为赵老哥第二，只要好好学习认真训练，你亦可能获得与他一样的成就。

我的《多因子量化选股软件》，就是基于赵老哥选股模型研发的。因为电脑不带情绪化，软件会客观地自动选出符合模型个股供你参考，你需要训练培养的能力，只是分时上不买错，确保收盘封住板即可，如果你达到了此境界，赚钱能力会让别人羡慕得流口水的，赵老哥的神话未必不能复制。

我们先通过媒体报道，让大家先了解一下他的事迹：

股市的神奇就在于其从来不缺乏神话，多少怀揣梦想的人因此投身股海，但投入者巨，真正从实盘赛中走出的股神却寥寥无几，而凭借父母提供的 10 万元资金入市，如今已成为中国顶尖游资的赵老哥，正是其中的佼佼者。

也许你从未听过"赵老哥"这个名字，但其经历足以让你惊诧，"80后"的他在股市当中风格彪悍、手法诡异，因为中国神车而一夜成名，缔造了"八年一万倍"的辉煌战绩，成为无数短线选手的偶像。

据中国证券报报道，赵老哥真名赵强，出生于 1987 年，毕业于杭州某财经大学。2007 年，赵强以来自父母的 10 万元资金入市，到 2015年 4 月翻了 1 万倍，达到 10 亿元级别。

其实"赵老哥"赵强的交易手法很简单，就是做涨停板股。他每天的交易动作现在很容易获知，东方财富网有个"龙虎榜单"，市场机构、游资当天介入的涨停股，都有营业部席位公开。

　　"赵老哥"赵强谈到自己的成功秘诀时有句名言：**股票是最简单的东西**。是的，选股模型一旦确定，当天市场约 3000 只中的哪只值得关注，用几个条件去量化一下即可。

最后的话

　　本书到这里就结束了，看了以后是否让你脑洞大开，恍然大悟？如是，我很欣慰，我的辛勤劳动和付出就非常值得了。说实话，我书中所有的话，都来自交易感悟，都是实战交易总结，都是建立在我独创的《**多因子量化交易软件**》基础上的，这些根本就是赚钱秘籍，是交易高手的不传之秘。我不屑于挖故纸堆，堆砌空洞的理论，从引用外国大师到不切实际的空谈，很多高手亦总结了很好的方法，但每个人角度不同，结果却能殊途同归。现在我公开传授给了大家，而之前我只发表在我的新浪博客上。

　　很希望所有有幸仔细阅读这本书的交易者，能从中悟道，从此跨进成功之门。事实上，成功之门的跨进，有时候缺的就是最后那"临门一脚"！